português
básico

```
A993p    Azevedo, Roberta.
            Português básico / Roberta Azevedo. – Porto Alegre :
         Penso, 2015.
            xi, 211 p. : il. ; 25 cm.

            ISBN 978-85-8429-034-5

            1. Português - Fundamentos. I. Título.

                                                    CDU 811.134.3
```

Catalogação na publicação: Poliana Sanchez de Araujo – CRB 10/2094

português
básico

ROBERTA AZEVEDO

2015

© Penso Editora Ltda., 2015

Gerente editorial: *Arysinha Jacques Aff aso*

Colaboraram nesta edição:

Coordenadora editorial: *Verônica de Abreu Amaral*

Processamento pedagógico: *Bianca Basile Parracho*

Leitura final: *Carolina Utinguassú Flores*

Capa e projeto gráfico: *Tatiana Sperhacke – TAT Studio*

Imagem da capa e das aberturas: *pavelgr/iStock/Thinkstock*

Editoração: *Kaéle Finalizando Ideias*

Reservados todos os direitos de publicação à
PENSO EDITORA LTDA. uma empresa do GRUPO A EDUCAÇÃO S.A.
Av. Jerônimo de Ornelas, 670 – Santana
90040-340 – Porto Alegre, RS
Fone: (51) 3027-7000 Fax: (51) 3027-7070

É proibida a duplicação ou reprodução deste volume, no todo ou em parte,
sob quaisquer formas ou por quaisquer meios (eletrônico, mecânico, gravação,
fotocópia, distribuição na Web e outros), sem permissão expressa da Editora.

SÃO PAULO
Av. Embaixador Macedo Soares, 10.735 – Pavilhão 5
Cond. Espace Center – Vila Anastácio
05095-035 São Paulo SP
Fone: (11) 3665-1100 Fax: (11) 3667-1333

SAC 0800 703-3444 – www.grupoa.com.br

IMPRESSO NO BRASIL
PRINTED IN BRAZIL
Impresso sob demanda na Meta Brasil a pedido do Grupo A Educação.

► ROBERTA ADALGISA GÊ-ACAIABA DE AZEVEDO

Graduada em Letras – Português/Inglês – pela Faculdade de Filosofia, Ciência e Letras do Alto São Francisco. Especialista em Educação Inclusiva pela Universidade Castelo Branco. Especialista em Docência para o Ensino Superior pela Faculdade de Educação de Bom Despacho. Professora efetiva da rede pública de ensino de Minas Gerais. Professora de cursos de graduação presenciais em disciplinas ligadas à Língua Portuguesa. Tutora online de cursos de graduação em disciplinas ligadas à Língua Portuguesa. Conteudista de material didático para disciplinas em EaD.

Sumário

PARTE I A língua portuguesa e o ensino gramatical 1

capítulo 1 A língua portuguesa no ensino superior 3
POR QUE ESTUDAR PORTUGUÊS NO ENSINO SUPERIOR 5
- Concepções de gramática 6

capítulo 2 O novo acordo ortográfico 11
OBJETIVOS DO ACORDO ORTOGRÁFICO 13
NOVAS REGRAS ORTOGRÁFICAS 13
- Mudanças no alfabeto 13
- Desaparecimento do trema 14
- Mudanças nas regras de acentuação 14
- Uso do hífen 18

capítulo 3 Classes gramaticais 23
SUBSTANTIVO 25
- Classificação dos substantivos 25
- Simples e compostos 27
- Primitivos e derivados 28
- Flexão dos substantivos 28
ARTIGO 35
ADJETIVO 36
- Adjetivos primitivos 36
- Adjetivos derivados 36
- Adjetivos simples 37
- Adjetivos compostos 37

capítulo 4 Classes gramaticais II 43
PRONOMES 45
- Pronomes pessoais 45
- Pronomes de tratamento 46
- Pronomes possessivos 47

viii SUMÁRIO

▶ Pronomes demonstrativos 49

▶ Pronomes indefinidos 50

▶ Pronomes interrogativos 50

▶ Pronomes relativos 51

NUMERAL 61

▶ Numerais cardinais 61

▶ Numerais ordinais 62

▶ Numerais multiplicativos 62

▶ Numerais fracionários 62

▶ Numerais coletivos 63

VERBO 67

▶ Flexões verbais 67

Atividades da Parte I 75

PARTE II A gramática e o estudo das relações entre as palavras 85

capítulo 5 Classes gramaticais III 87

INTERJEIÇÃO 89

PREPOSIÇÃO E CONJUNÇÃO 90

▶ Preposições 90

▶ Conjunções 92

ADVÉRBIO 95

▶ Classificação dos advérbios 96

capítulo 6 Termos essenciais da oração 101

FRASE 103

ORAÇÃO 103

SUJEITO 104

▶ Sujeito simples 104

▶ Sujeito composto 104

▶ Sujeito oculto (elíptico ou desinencial) 104

▶ Sujeito indeterminado 105

▶ Oração sem sujeito (sujeito inexistente) 106

PREDICADO 106

▶ Predicado verbal 106

SUMÁRIO ix

▸ Predicado nominal.. 107

▸ Predicado verbo-nominal... 107

capítulo 7 · Predicação verbal e complementos verbais 109

VERBOS INTRANSITIVOS... 111

VERBOS TRANSITIVOS.. 111

▸ Verbo transitivo direto.. 111

▸ Verbo transitivo indireto.. 112

▸ Verbo de ligação.. 113

capítulo 8 · Vozes verbais, aposto e vocativo 115

VOZES VERBAIS 117

▸ Voz ativa... 117

▸ Voz passiva... 117

▸ Voz reflexiva 118

▸ Aposto e vocativo 118

Atividades da Parte II 121

PARTE III · Relações de sentido no interior do período 129

capítulo 9 · Orações coordenadas: período composto por coordenação.. 131

A INDEPENDÊNCIA DAS RELAÇÕES DE COORDENAÇÃO............................ 133

ORAÇÕES COORDENADAS SINDÉTICAS 134

▸ Coordenadas sindéticas aditivas 135

▸ Coordenadas sindéticas adversativas.. 135

▸ Coordenadas sindéticas alternativas 136

▸ Coordenadas sindéticas conclusivas.. 136

▸ Coordenadas sindéticas explicativas.. 137

ORAÇÕES COORDENADAS ASSINDÉTICAS 137

capítulo 10 · Orações subordinadas substantivas: período composto por subordinação................................... 139

ORAÇÕES SUBORDINADAS SUBSTANTIVAS 141

▸ Orações subordinadas subjetivas.. 141

▸ Orações subordinadas substantivas objetivas diretas........................ 141

▸ Orações subordinadas objetivas indiretas 142

X SUMÁRIO

▸ Orações subordinadas completivas nominais... 142

▸ Orações subordinadas substantivas predicativas.. 143

▸ Orações subordinadas apositivas.. 143

capítulo 11 Orações subordinadas adverbiais: período composto por subordinação.. 145

ORAÇÕES SUBORDINADAS ADVERBIAIS CAUSAIS 147

ORAÇÕES SUBORDINADAS ADVERBIAIS CONSECUTIVAS.......................... 148

ORAÇÕES SUBORDINADAS ADVERBIAIS CONCESSIVAS 148

ORAÇÕES SUBORDINADAS ADVERBIAIS COMPARATIVAS.......................... 148

ORAÇÕES SUBORDINADAS ADVERBIAIS CONFORMATIVAS....................... 149

ORAÇÕES SUBORDINADAS ADVERBIAIS FINAIS.. 149

ORAÇÕES SUBORDINADAS ADVERBIAIS PROPORCIONAIS........................ 150

ORAÇÕES SUBORDINADAS ADVERBIAIS TEMPORAIS................................. 150

ORAÇÕES SUBORDINADAS ADVERBIAIS CONDICIONAIS 151

capítulo 12 Orações subordinadas adjetivas: período composto por subordinação.. 153

ORAÇÕES SUBORDINADAS ADJETIVAS RESTRITIVAS................................. 155

ORAÇÕES SUBORDINADAS ADJETIVAS EXPLICATIVAS.............................. 155

Atividades da Parte III 157

PARTE IV Dúvidas gramaticais e a construção do parágrafo padrão 165

capítulo 13 Pontuação... 167

VÍRGULA... 169

PONTO-FINAL.. 171

PONTO E VÍRGULA... 171

DOIS-PONTOS 171

PONTO DE INTERROGAÇÃO 172

PONTO DE EXCLAMAÇÃO 172

RETICÊNCIAS.. 172

ASPAS... 173

TRAVESSÃO... 173

PARÊNTESES 174

capítulo 14 **Parágrafo** 175

capítulo 15 **Usos da crase** 181

REGRAS PRÁTICAS 183

▸ Use a crase 183

▸ Não use a crase 185

USOS FACULTATIVOS DA CRASE 187

capítulo 16 **Usos dos porquês** 189

POR QUE 191

POR QUÊ 191

PORQUE 191

PORQUÊ 192

Atividades da Parte IV 193

Respostas das atividades 201

Referências 203

Índice 209

PARTE I

A língua portuguesa e o ensino gramatical

O objetivo da primeira parte deste livro é levantar questionamentos e reflexões acerca do estudo da língua portuguesa no ensino superior, bem como orientar o aluno quanto à importância do estudo gramatical de nossa língua, concebendo a gramática como subsidiária da construção e do aprimoramento das competências linguística e textual.

Além disso, são esclarecidas dúvidas sobre as regras ortográficas instituídas pelo Novo Acordo Ortográfico aprovado no Brasil pelo Decreto Legislativo nº 54, de 18 de abril de 1995, adotado em 2008 e que entrará em vigência no dia 1º de janeiro de 2016.

>1

A língua portuguesa
no ensino superior

neste capítulo você estudará:

>> A **INFLUÊNCIA** do estudo da língua portuguesa em outras disciplinas.

>> As **DIFERENÇAS** entre as concepções de gramática: normativa, descritiva e internalizada.

POR QUE ESTUDAR PORTUGUÊS NO ENSINO SUPERIOR

O estudo da língua portuguesa no ensino superior tem se mostrado cada vez mais importante, pois nem sempre ao ingressar em um curso de graduação o aluno apresenta domínio das competências e habilidades necessárias para ler, interpretar e produzir textos dos mais diferentes gêneros, com os quais irá se deparar durante a vida acadêmica. Assim, a adoção desta disciplina cumpre a função de suprir algumas lacunas de aprendizado que o aluno não adquiriu no ensino médio. Assim, esta disciplina tem como objetivo retomar os conteúdos que deveriam ter sido aprendidos no ensino médio, preenchendo, assim, possíveis lacunas no aprendizado.

Convém destacar ainda que o estudo de uma língua e de seus mecanismos de funcionamento nunca se esgota, pois, como um organismo em constante transformação, requer estudos frequentes que sejam capazes de propiciar ao educando instrumentos para análise e reflexão contínua. Dessa forma, estará apto a desenvolver novas habilidades, tornando-se um falante/leitor/escritor cada vez mais competente na utilização de sua língua em diversas situações de comunicação orais ou escritas.

para saber + O estudo da língua portuguesa no ensino superior funciona como suporte para o aprendizado de outras disciplinas. E para compreender melhor esse assunto, vale a pena ler a matéria reproduzida a seguir que foi publicada na Revista Língua Portuguesa, em abril de 2012.

APOIO ESTRATÉGICO

O ENSINO DA LÍNGUA PORTUGUESA É VITAL AO DESENVOLVIMENTO DE OUTRAS DISCIPLINAS
— Deonísio da Silva

Na década de 1980, o então presidente do Brasil José Sarney lançou o Plano Cruzado, com o objetivo de combater a inflação e estabilizar a economia. Um cidadão de Curitiba, à pergunta se a situação tinha melhorado, vacilou, tremeu os lábios, gaguejou um pouco e disse: "está piorando menos".

Fonte: VLADGRIN/iStock/Thinkstock.

É o que está ocorrendo com o nosso ensino. Ainda é ruim em muitos níveis e áreas? É. Mas está piorando menos. Há vários indicadores dessas melhoras e uma delas é que agora temos uma universidade, a USP, entre as 70 mais importantes do mundo. É pouco ter uma única universidade brasileira entre as cem mais? É. Mas está piorando menos.

Ainda temos sérias deficiências, apesar de passos decisivos dados nas direções corretas, tanto no setor público como no privado. Boa parte dos médicos mais qualificados dos hospitais referenciais do Brasil estudou em escolas públicas, o mesmo acontece nos concursos para ocupação de carreiras de Estado e nos postos gerenciais de empresas.

Nessas mudanças, o ensino da disciplina de língua portuguesa cumpre função estratégica. Os professores de qualquer outra matéria alcançam mais facilmente os objetivos traçados nos projetos pedagógicos se, além deles próprios, os alunos são bons em português!

É comum que haja prejuízos mútuos no processo de ensino e aprendizagem quando proliferam erros constantes de ortografia e sintaxe. Na Medicina e no Direito, tais equívocos podem matar o paciente ou levar o cliente para a cadeia, por exemplo. A diferença entre veneno e remédio pode ser apenas uma letra. Por isso, o enfermeiro que lê mal uma instrução do médico pode matar aquele que ambos querem salvar.

Apesar de erros ortográficos serem os mais fáceis de se perceber, os prejuízos da falta de clareza e de lógica, tanto na fala como na escrita, se não são decisivos como na Medicina e no Direito, são igualmente deploráveis. E por quê? Porque quem fala e escreve sem clareza dá indícios de que ouve e lê pouco, e essa deficiência é caminho para muitas outras.

Deonísio da Silva é escritor, doutor em letras pela USP, professor e vice-reitor de Cultura e Extensão da Universidade Estácio de Sá, no Rio de Janeiro, membro da Academia Brasileira de Filologia.

Fonte: Revista Língua Portuguesa (2012).

CONCEPÇÕES DE GRAMÁTICA

Por termos a gramática como objeto de estudo em nosso livro, devemos refletir sobre o que se entende por gramática e como as suas concepções influenciam a forma de concebermos a nossa língua. Além disso, é preciso aproveitar a oportunidade para estabelecer o que é saber gramática, bem como identificar o que é considerado gramatical dentro dos parâmetros de cada concepção de gramática que se adota.

Basicamente falando, segundo Travaglia (2002), é possível, nos estudos da língua, identificar a presença de três concepções de gramática: normativa, descritiva e internalizada.

► Gramática normativa

Essa primeira concepção de gramática é pautada no mito de que somente fala ou escreve bem aquele que domina com maestria as normas e regras de bom uso da língua. Para os adeptos dessa concepção, a gramática é, portanto, um manual no qual se encontram regras de bem falar e escrever que devem ser dominadas para que se possa expressar o pensamento de forma proficiente.

Logo, somente serão considerados gramaticais, ou "corretos", textos orais ou escritos que estejam formulados de acordo com as regras prescritas nesse manual, que tem como critério de elaboração a forma como especialistas e escritores consagrados utilizam a língua.

Desse modo, é preciso ressaltar que essa concepção de gramática considera a língua como um objeto invariável, imune às transformações da sociedade na qual se desenvolve, pois reconhece como língua somente a variedade padrão. Assim, as diversas variedades linguísticas existentes em nossa língua, como as variantes regionais, históricas, sociais, etárias, entre outras, são consideradas "erradas" e devem ser evitadas, o que colabora para que o preconceito linguístico se dissemine em nossa sociedade.

Para os seguidores da corrente normativista, a gramática é vista como algo definitivo, absoluto e, portanto, rígido, não aceitando construções comumente utilizadas em algumas variedades da língua, como "Eu vi ele ontem" ou "Me empresta seu caderno".

▶ Gramática descritiva

A gramática descritiva analisa a forma, a estrutura e o funcionamento da língua, com destaque para sua utilização em situações reais de comunicação. Logo, a gramática descritiva não está preocupada com a utilização da língua dentro dos padrões formais, pois, antes de tudo, é considerado gramatical aquilo que atende à comunicação em determinada situação de interação comunicativa.

Fonte: joingate/iStock/Thinkstock.

Podemos afirmar, adotando a concepção descritiva de gramática, que frases como as citadas anteriormente ("Eu vi ele ontem" e "Me empresta seu caderno") podem ser consideradas gramaticais em determinadas variedades e situações comunicativas de nossa língua, já que na gramática descritiva as regras derivam do uso da língua e sua função não é apontar erros, mas descrever como e por que certas estruturas utilizadas em determinadas situações comunicativas se formam.

Logo, a gramática descritiva é alvo de estudo de diversos linguistas que veem nela a oportunidade de análise de estruturas gramaticais presentes nas variedades linguísticas, como afirma Perini (2003, p. 31):

> o estudo da gramática pode ser um instrumento para exercitar o raciocínio e a observação; pode dar a oportunidade de formular e testar hipóteses; e pode levar à descoberta de fatias dessa admirável e complexa estrutura que é a língua natural.

▶ Gramática internalizada

A gramática internalizada se refere a um conjunto de regras que o falante domina tacitamente e que regula a utilização de sua língua, em quaisquer variedades, nas mais diversas situações comunicativas. Portanto, é possível afirmar que a gramática internalizada é intrínseca a todo ser humano e se desenvolve com e por meio dos contextos sociais nos quais o indivíduo se relaciona com seus pares.

Não existe, portanto, um livro "gramática internalizada", pois ela se refere às regras lexicais e sintático-semânticas que todos os falantes de uma determinada língua dominam tanto conscientemente quanto operacionalmente e lançam mão durante o processo comunicativo. Dessa forma, o erro linguístico deve ser substituído pela noção de inadequação à situação comunicativa.

Observe que o exemplo a seguir, apesar de apresentar estrutura sintática e lexical dentro dos padrões formais, não pode ser considerado gramaticalmente adequado quando se tem em mente a gramática internalizada, já que fazendo uso do critério semântico tal gramática invalida a oração abaixo.

O GATO BOTOU UM OVO ROSA.

Fonte: yael weiss/iStock/Thinkstock

A existência da gramática internalizada fica clara quando observamos que nenhum falante proficiente da língua portuguesa brasileira, em uma situação formal de comunicação, formularia enunciados como este. Sua competência comunicativa regula a produção dos enunciados, possibilitando que se utilize a língua de forma eficiente, de acordo com uma dada intenção comunicativa em determinado contexto de uso.

Saber da existência de mais de uma concepção de gramática nos possibilita uma análise e uma reflexão mais eficazes acerca dos fenômenos que permeiam nossa língua. Além, é claro, de evidenciar a relação entre nível de formalidade e contexto de uso, deixando claro que, no âmbito acadêmico, é importante nos dedicarmos ao estudo da norma culta do idioma. Como futuros profissionais graduados, é preciso que saibamos utilizar com proficiência o nível formal da língua, já que no ambiente de trabalho ele faz-se essencial.

O novo acordo ortográfico

> 2

● neste capítulo você estudará:

>> O novo **ACORDO ORTOGRÁFICO**.

>> Exemplos das **NOVAS REGRAS**: alfabeto, trema, acentuação e hífen.

OBJETIVOS DO ACORDO ORTOGRÁFICO

O Acordo Ortográfico, assinado em 1990 pelas nações da Comunidade dos Países de Língua Portuguesa, que entrará em vigência no Brasil apenas em 2016, tem como objetivo primordial reduzir as discrepâncias ortográficas existentes entre os países cuja língua oficial é o português: Portugal, Brasil, Angola, Moçambique, Cabo Verde, Guiné-Bissau, São Tomé e Príncipe e Timor Leste.

Além disso, a uniformização das regras ortográficas facilita o intercâmbio cultural entre os países de língua portuguesa, reduzindo os custos editoriais decorrentes da publicação de livros nas duas versões ortográficas (lusófona e brasileira) e proporciona também o aumento da visibilidade da língua portuguesa no mundo.

Em contrapartida, é preciso deixar claro que a uniformização das regras ortográficas não garante uma homogeneização da língua, já que, sendo construída na e pela sociedade, ela sofre influência direta das transformações sociais, históricas e culturais que permeiam o contexto real de utilização e construção das línguas.

NOVAS REGRAS ORTOGRÁFICAS

MUDANÇAS NO ALFABETO

Apesar de serem figuras conhecidas na língua portuguesa, sendo empregadas em palavras de uso cotidiano em nossa comunicação oral ou escrita e estando presente até mesmo na maioria dos dicionários, as letras **K**, **W** e **Y** não faziam parte, oficialmente, de nosso idioma.

Fonte: Propagandas e Boas Ideias (2010).

14 **português básico**

Com o novo acordo ortográfico, as letras anteriormente mencionadas passam a fazer parte da língua portuguesa, e o nosso alfabeto passa a ser composto por 26 letras.

Note como se organiza, atualmente, o nosso alfabeto:

A B C D E F G H I J K L M N O P Q R S T U V W X Y Z

DESAPARECIMENTO DO TREMA

As modificações naturais que acontecem em todas as línguas vivas e que, por regra, também ocorrem na língua portuguesa, já acenavam insistentemente para o fim da existência do trema, o sinal gráfico (ü) que figurava em cima da letra "u" para marcar variações na pronúncia dos grupos "gue", "gui", "que" e "qui". Com a reforma ortográfica, esse sinal gráfico sai oficialmente de cena na língua portuguesa, sendo utilizado ainda apenas nas palavras estrangeiras, como "Müller".

Na piada a seguir, retirada do repertório popular brasileiro, pode-se perceber com muito humor que o trema não será mais utilizado em nossa língua.

"O trema sumiu em todas as palavras, como em CONSEQUÊNCIA, que também poderia sumir do mapa. Assim, a gente ia viver com mais TRANQUILIDADE."

MUDANÇAS NAS REGRAS DE ACENTUAÇÃO

a. Não se usa mais acento nos ditongos abertos "éi" e "ói" das palavras paroxítonas.

Veja como, de forma humorada, tal modificação nos é apresentada através do pequeno conto a seguir:

Em uma roda de amigos, dois camaradas que já tinham tomado umas e outras, conversavam sobre a reforma ortográfica e como esta iria alterar a grafia de algumas palavras em nossa língua.

Quando a conversa já ia lá pelas tantas, um compadre do camarada que se encontrava à direita resolve se pronunciar:

– Então, compadre, quer dizer que na sua casa sua esposa não senta mais no sofá?

Acreditando não ter entendido a pergunta, devido à embriaguez, o camarada da direita resolve perguntar:

– Como assim?

– Vocês não acabaram de dizer que com a reforma ortográfica "mocreia não tem mais acento"? – disse e saiu de fininho, antes que suas colocações tivessem maiores consequências.

Fonte: Eugenia Kotter/iStock/Thinkstock.

Agora, mais especificamente; veja como eram escritas algumas palavras de nossa língua e como elas devem ser escritas após o acordo ortográfico.

▶ COMO ERA	▶ COMO FICA
ALCATÉIA	ALCATEIA
COLMÉIA	COLMEIA
IDÉIA	IDEIA
JIBÓIA	JIBOIA
PARANÓICO	PARANOICO

b. Não se usa mais acento no "i" e "u" tônico das palavras paroxítonas que vierem após ditongo.

16 **português básico**

Observe:

A FEIURA DAS PALAVRAS

– Para você, qual é a palavra mais feia da língua portuguesa? Vê lá, não estou falando de palavrões.

– Não sei, são tantas. Obstante?

– Eu disse a mais feia, não uma feinha qualquer. Obstante está longe de ser feia o bastante.

– Isso depende. Feiura é um critério subjetivo. Para mim obstante é o fim da picada, mas claro que tem outras. Escrófula. Pus. Macambúzio. Desconstrucionismo. Bulboso. Craca. Nauseabundo.

Fonte: A feiura das palavras (2012).

Na crônica acima pode-se observar a presença da palavra "feiura" que antes do acordo ortográfico era grafada com a presença do acento agudo, mas agora deixa de ser acentuada.

Veja outros exemplos:

▶ COMO ERA	▶ COMO FICA
BAIÚCA	BAIUCA
BOCAIÚVA	BOCAIUVA
CAUÍLA	CAUILA

c. Não se usa mais o acento das palavras terminadas em "êem" e "ôo"(s).

Observe como tal regra se efetua em uma manchete de jornal:

Protesto de aeronautas e aeroviários atrasa voos em todo o Brasil

▶ COMO ERA	▶ COMO FICA
ABENÇÔO	ABENÇOO
LÊEM	LEEM
MAGÔO	MAGOO
VÊEM	VEEM

d. Não se usa mais o acento diferencial entre os pares "pára" (verbo parar) e "para" (preposição), "péla" e "pela", "pêlo" e "pelo", "pólo" e "polo", "pêra" e "pera".

Logo, a diferenciação do valor semântico dessas palavras fica a cargo do contexto comunicativo.

exceções !¡!

▸ Permanece o acento diferencial entre as palavras **pôde** (verbo poder no pretérito perfeito do modo indicativo, 3ª pessoa do singular) e **pode** (verbo poder no tempo presente do modo indicativo, 3ª pessoa do singular).

Ex.: Ele **pôde** ir ao cinema, mas eu não. (Verbo poder na 3ª pessoa do singular do pretérito perfeito do modo indicativo.)

Ele **pode** ir ao cinema, mas eu não posso. (Verbo na 3ª pessoa do singular do tempo presente do modo indicativo.)

▸ Permanece o acento diferencial entre os pares "pôr" (verbo) e "por" (preposição).

Ex.: Vou **pôr** o doce sobre a mesa. (Pôr = verbo.)

Vou seguir **por** caminhos menos perigosos daqui para frente. (Por = preposição.)

▸ Permanecem os acentos diferenciais entre o singular e o plural dos verbos "ter", "vir" e seus derivados.

Ex.: Ele **tem** dois anos de vida. (Verbo "tem" concordando com o pronome "ele" que está no singular.)

Eles **têm** dois anos de vida. (Verbo "têm" concordando com o pronome "eles" que está no plural.)

▸ É facultativo o uso do acento circunflexo para diferenciar as palavras "fôrma" e "forma".

Ex.: A **fôrma/forma** de bolo já está devidamente untada com manteiga.

18 **português básico**

Note alguns exemplos:

► COMO ERA	► COMO FICA
ELA SEMPRE PÁRA O CARRO EM CIMA DA FAIXA DE PEDESTRES.	ELA SEMPRE PARA O CARRO EM CIMA DA FAIXA DE PEDESTRES.
O CACHORRO TEM PÊLOS CURTOS.	O CACHORRO TEM PELOS CURTOS.

e. Não se usa mais o acento agudo no "u" tônico das formas (tu) arguis, (ele) argui, (eles) arguem no presente do indicativo, dos verbos arguir e redarguir.

f. Há uma variação na pronúncia dos verbos terminados em guar, quar e quir, como aguar, averiguar, apaziguar, desaguar, enxaguar, obliquar, delinquir, etc. Esses verbos admitem duas pronúncias em algumas formas do presente do indicativo, do presente do subjuntivo e também do imperativo. Veja:

► Se forem pronunciadas com a ou i tônicos, essas formas devem ser acentuadas. Exemplos:

VERBO ENXAGUAR:	ENXÁGUO, ENXÁGUAS, ENXÁGUA, ENXÁGUAM; ENXÁGUE, ENXÁGUES, ENXÁGUEM.
VERBO DELINQUIR:	DELÍNQUO, DELÍNQUES, DELÍNQUE, DELÍNQUEM; DELÍNQUA, DELÍNQUAS, DELÍNQUAM.

► Se forem pronunciadas com u tônico, essas formas deixam de ser acentuadas. Exemplos (a vogal sublinhada é tônica, ou seja, deve ser pronunciada mais fortemente que as outras):

VERBO ENXAGUAR:	ENXAGUO, ENXAGUAS, ENXAGUA, ENXAGUAM; ENXAGUE, ENXAGUES, ENXAGUEM.
VERBO DELINQUIR:	DELINQUO, DELINQUES, DELINQUE, DELINQUEM; DELINQUA, DELINQUAS, DELINQUAM.

USO DO HÍFEN

a. Com prefixos, usa-se sempre o hífen diante de palavra iniciada por h.

Observe:

> ANTI-HIGIÊNICO
> MINI-HOTEL
> SUPER-HOMEM

b. Não se usa hífen quando o prefixo termina com vogal diferente da vogal que se inicia o segundo elemento.

Veja:

> AUTOESCOLA
> AGROINDUSTRIAL
> INFRAESTRUTURA
> SEMIANALFABETO

c. Não se usa o hífen quando o prefixo termina em vogal e o segundo elemento começa por consoante.

Observe:

> MICROCOMPUTADOR
> SEMIDEUS
> SEMINOVO
> ULTRAMODERNO

 Com o prefixo "vice" usa-se sempre o hífen: vice-prefeito, vice-diretor.

d. Não se usa o hífen quando o prefixo termina em vogal e o segundo elemento começa por "r" ou "s". Nesse caso, duplicam-se essas letras. Note:

> ANTIRRUGAS
> ANTISSOCIAL
> MINISSAIA
> ULTRASSOM

e. Quando o prefixo termina por vogal, usa-se o hífen se o segundo elemento começar pela mesma vogal.

Fonte: CDM Promocionais.

Note que, seguindo a regra imposta pela reforma ortográfica, a palavra "microondas" deve ser escrita com o uso do hífen: "micro-ondas".

Outros exemplos:

> ANTI-INFLAMATÓRIO
> MICRO-ÔNIBUS
> SEMI-INTERNO

f. Quando o prefixo termina por consoante, usa-se o hífen se o segundo elemento começar pela mesma consoante.

> SUB-BASE
> INTER-REGIONAL
> SUPER-RESISTENTE

Nos demais casos não se utiliza o hífen: supermercado, superinteressante, intermunicipal.

O NOVO ACORDO ORTOGRÁFICO   21

> **exceções ¡¡!** Com o prefixo "sub", usa-se o hífen também diante de palavra iniciada por r: sub-região, sub-raça.
>
> Com os prefixos "circum" e "pan", usa- se o hífen diante de palavra iniciada por m, n e vogal: circum-navegação, pan-americano.

g. Quando o prefixo termina por consoante, não se usa o hífen se o segundo elemento começar por vogal. Observe:

> INTERESTADUAL
> HIPERATIVO
> SUPERECONÔMICO

h. Com os prefixos "ex", "sem", "além", "aquém", "recém", "pós", "pré", "pró", usa-se o hífen sempre que tiverem pronúncia aberta.

> EX-MARIDO
> ALÉM-MAR
> RECÉM-NASCIDO
> PÓS-GRADUAÇÃO
> PRÉ-ESCOLA

Há casos em que as partes se aglutinam: proativo, pospor e predeterminar, por exemplo.

i. Deve-se usar o hífen com os sufixos de origem tupi-guarani: "açu", "guaçu" e "mirim". Exemplos:

> AMORÉ-GUAÇU
> ANAJÁ-MIRIM
> CAPIM-AÇU

j. Ligam-se por hífen duas ou mais palavras que formam encadeamentos vocabulares.

> PONTE RIO-NITERÓI
> EIXO RIO-SÃO PAULO

k. Algumas palavras perderam a noção de composição, não utilizando mais o hífen.

GIRASSOL
MADRESSILVA
MANDACHUVA
PARAQUEDAS
PARAQUEDISTA
PONTAPÉ

l. Não se usa mais hífen em compostos que apresentam elementos de ligação:

PÉ DE MOLEQUE
DIA A DIA
CARA DE PAU

> 3

Classes gramaticais

neste capítulo você estudará:

>> **SUBSTANTIVOS:** classes, flexões de gênero, número e grau.

>> **ARTIGOS:** definidos e indefinidos.

>> **ADJETIVOS:** flexões de número e grau.

SUBSTANTIVO

Substantivos são palavras que usamos para designar ou nomear seres em geral, sejam eles reais ou imaginários.

Formalmente falando, pode-se dizer que os substantivos são palavras que podem apresentar flexões de gênero, número e grau, que podem ou não vir precedidas de artigos ou pronomes.

Ao se observar os substantivos do ponto de vista funcional, pode-se dizer que eles caracterizam-se por serem núcleos dos sintagmas nominais de nossa língua. Assim, os substantivos são as palavras que constituem:

- ▶ **Sujeitos** (A festa estava ótima.)

- ▶ **Objetos diretos** (Peguei o bolo da festa.)

- ▶ **Objetos indiretos** (Dei o presente à criança.)

- ▶ **Predicativos do sujeito** (Você parecia criança ao ver a festa.)

- ▶ **Predicativos do objeto** (Considero você uma criança.)

- ▶ **Complementos nominais** (O choro do menino era horrível.)

- ▶ **Adjuntos adnominais** (Isto é choro de criança.)

- ▶ **Adjuntos adverbiais** (Saí com o rapaz.)

- ▶ **Agentes da passiva** (O vidro da janela foi quebrado pela criança.)

- ▶ **Apostos** (Minha vida, uma longa história, passou devagar.)

- ▶ **Vocativos** (Filho, arrume a cama!)

CLASSIFICAÇÃO DOS SUBSTANTIVOS

▶ Substantivos concretos ou abstratos

Os substantivos concretos designam seres que têm existência independente de outros seres, podendo ser reais ou imaginários.

Ex.: livro, Deus, ar, Roberta, vela, etc.

Já os substantivos abstratos estabelecem a designação de seres que possuem existência dependente de outro. Ou seja, sua ocorrência sempre está vinculada à existência de um outro ser, sendo portanto, abstrações.

Ex.: amor, ódio, limpeza, doença, colheita, etc.

▶ Substantivos próprios, comuns e coletivos

Os substantivos próprios nomeiam seres específicos dentro de uma determinada espécie, tornando esses seres únicos dentro de um grupo maior (espécie).

Ex.: Roberta, Bom Despacho, Minas Gerais, Brasil.

Os substantivos comuns estabelecem referência a seres em geral, ou seja, todos de uma mesma espécie, não havendo, portanto, especificações.

Ex.: mulher, cidade, estado, país, lápis, flor.

Já os substantivos coletivos são aqueles que, embora estejam na forma singular, designam um conjunto de seres/elementos da mesma espécie.

A seguir veja uma lista de substantivos coletivos.

▶ SUBSTANTIVO COLETIVO	▶ CONJUNTO DE
ALCATEIA	LOBOS
ARQUIPÉLAGO	ILHAS
ARSENAL	ARMAS, MUNIÇÕES
ATLAS	MAPAS
BANCA	EXAMINADORES
BANDO	AVES, CIGANOS, SALTEADORES
BATALHÃO	SOLDADOS
CACHO	BANANAS, UVAS
CÁFILA	CAMELOS
CARAVANA	VIAJANTES
CÂMARA	DEPUTADOS, SENADORES, VEREADORES
COLMEIA	ABELHAS

CONSTELAÇÃO	ESTRELAS
DISCOTECA	DISCOS
ELENCO	ARTISTAS
ESQUADRA	NAVIOS DE GUERRA
ESQUADRILHA	AVIÕES
EXÉRCITO	SOLDADOS
FEIXE	LENHA, CAPIM
FLORA	PLANTAS DE UMA REGIÃO
FAUNA	ANIMAIS DE UMA REGIÃO
JUNTA	BOIS, MÉDICOS, EXAMINADORES
LEGIÃO	SOLDADOS, ANJOS, DEMÔNIOS
MANADA	BOIS, BÚFALOS, ELEFANTES
MATILHA	CÃES DE RAÇA
MOLHO	CHAVES, VERDURAS
MULTIDÃO	PESSOAS
PENCA	FRUTOS
QUADRILHA	LADRÕES, MALFEITORES
RÉSTIA	ALHOS, CEBOLAS
SÉCULO	PERÍODO DE CEM ANOS
TRIPULAÇÃO	TRIPULANTES
VARA	PORCOS
VOCABULÁRIO	PALAVRAS

SIMPLES E COMPOSTOS

Os substantivos simples constituem-se de um único radical.

Ex.: cama, roupa, menino.

Já os substantivos compostos são formados por mais de um radical.

Ex.: guarda-roupa, pé-de-meia, limpa-vidro.

PRIMITIVOS E DERIVADOS

São chamados de substantivos primitivos aqueles que não se originam de nenhum outro radical de nossa língua, ao contrário, eles é que dão origem a novas palavras.

Ex.: pedra, bola, flor, cabeça.

Os substantivos derivados são aqueles que têm sua origem ligada a algum outro radical de nossa língua.

Ex.: pedregulho, bolota, florista, cabeçote.

FLEXÃO DOS SUBSTANTIVOS

A flexão é a modificação do substantivo de acordo com o gênero (masculino ou feminino), número (singular ou plural) ou grau (aumentativo ou diminutivo).

▶ **Flexão de gênero**

A língua portuguesa apresenta dois gêneros: masculino e feminino.

Pertencem ao gênero masculino os substantivos que podem ser antecedidos pelo artigo masculino. Veja o uso dos substantivos masculinos na fábula transcrita a seguir.

FÁBULA: O LOBO E O CORDEIRO

Um cordeiro estava bebendo água num riacho. O terreno era inclinado e por isso havia uma correnteza forte. Quando ele levantou a cabeça avistou um lobo, também bebendo da água.

– Como é que você tem a coragem de sujar a água que eu bebo - disse o lobo, que estava há alguns dias sem comer e procurava algum animal apetitoso para matar a fome.

– Senhor - respondeu o cordeiro - não precisa ficar com raiva porque eu não estou sujando nada. Bebo aqui, uns vinte passos mais abaixo, é impossível acontecer o que o senhor está falando.

– Você agita a água - continuou o lobo ameaçador - e sei que você andou falando mal de mim no ano passado.

– Não pode - respondeu o cordeiro - no ano passado eu ainda não tinha nascido. O lobo pensou um pouco e disse:

– Se não foi você foi seu irmão, o que dá no mesmo.

– Eu não tenho irmão - disse o cordeiro - sou filho único.

– Alguém que você conhece, algum outro cordeiro, um pastor ou um dos cães que cuidam do rebanho, e é preciso que eu me vingue. Então ali, dentro do riacho, no fundo da floresta, o lobo saltou sobre o cordeiro, agarrou-o com os dentes e o levou para comer num lugar mais sossegado.

MORAL: A razão do mais forte é sempre a melhor.

Fonte: La Fontaine (c2005-2015).

Fonte: alexjuve/iStock/Thinkstock.

Observe que os substantivos masculinos geralmente estão antecedidos por um artigo definido ou indefinido "o cordeiro", "o lobo", "um pastor", "um dos cães". Entretanto, nem sempre a presença do artigo está explícita no texto, cabendo ao leitor sua pressuposição.

Existem, ainda, alguns substantivos que podem suscitar dúvidas com relação ao gênero gramatical a que pertencem. É o caso dos seguintes substantivos masculinos:

O ANEURISMA, O CHAMPANHA, O CLÃ, O CONTRALTO,
O DIABETE, O DÓ (COMPAIXÃO), O ECLIPSE, O ECZEMA,
O FORMICIDA, O GENGIBRE, O GRAMA (PESO), O GUARANÁ,
O LANÇA-PERFUME, O SOPRANO, O TELEFONEMA

30 **português básico**

▷ Formação do feminino

A formação do gênero gramatical feminino na língua portuguesa ocorre de duas formas: por meio de processos centrados nos radicais e pela flexão.

▷ Processo centrado nos radicais

A diferenciação entre masculino ou feminino é clara, visto que a distinção é feita através dos radicais. Isso acontece com os substantivos chamados "heterônimos", ou seja, apresentam uma forma para o masculino e outra forma para o feminino. Observe:

> BOI – VACA
> HOMEM – MULHER
> CAVALO – ÉGUA

Há também a formação do feminino através do acréscimo das palavras "macho" e "fêmea" após o radical. Esses são os chamados substantivos epicenos.

> A BORBOLETA MACHO – A BORBOLETA FÊMEA
> O BESOURO MACHO – O BESOURO FÊMEA
> A COBRA MACHO – A COBRA FÊMEA

É possível, ainda, a indicação do gênero de determinado substantivo através da anteposição de determinantes aos radicais. Nesse caso, os substantivos recebem o nome de "comuns de dois gêneros".

> O DENTISTA – A DENTISTA
> O ARTISTA – A ARTISTA
> O SELVAGEM – A SELVAGEM

Há também aqueles substantivos que a partir do seu gênero gramatical específico podem designar indivíduos de ambos os sexos. Veja:

> A CRIANÇA
> O CÔNJUGE
> A VÍTIMA

CLASSES GRAMATICAIS 31

▷ **Formação do feminino pela flexão (mudança na terminação da palavra)**

Nos casos em que ocorre a formação do feminino pela mudança na terminação da palavra, diz-se que o masculino é o termo não marcado e que o feminino é o termo marcado. O morfema específico para determinar nomes femininos na língua portuguesa é o sufixo **–a**. Observe como ocorre a formação do feminino na língua através do acréscimo do sufixo **–a**:

Suprime-se a vogal temática **–o** e acrescenta-se o morfema feminino **–a**.

MENINO – MENINA
ALUNO – ALUNA
GATO – GATA

Acrescenta-se o morfema **–a** àqueles substantivos sem vogal temática na forma masculina e com o radical terminado em consoante.

PROFESSOR – PROFESSORA
DOUTOR – DOUTORA
CHINÊS – CHINESA

Substantivos terminados em **–ão** formam o substantivo feminino quando terminados em **–oa**, **–ã** ou **–ona**:

LEÃO – LEOA
PATRÃO – PATROA
IRMÃO – IRMÃ
COMILÃO – COMILONA

▶ **Flexão de número**

A flexão de número ocorre quando há manifestação do substantivo sobre a forma singular ou plural. As formas marcadas, em termos e flexão de número, pelo morfema **–s** são as do plural, e as não marcadas, as do singular. Vejamos as regras de formação do plural:

Substantivos terminados em vogal ou ditongo.

Regra geral: acrescenta-se o morfema **-s**.

> BOLA – BOLAS
> CARRO – CARROS
> BOI – BOIS

atenção ● A mesma regra deve ser seguida quando o substantivo terminar com a letra "m". Neste caso, troca-se o "m" pelo "n" e acrescenta-se o morfema **-s**.

> ATUM – ATUNS
> ÁLBUM – ÁLBUNS
> SOM – SONS

● REGRAS ESPECIAIS

Substantivos terminados em –ão.

Os substantivos terminados em **-ão** fazem o plural de três maneiras: troca-se o **-ão** por **-ões**, troca-se o **-ão** por **-ães** ou acrescenta-se o morfema **-s** à forma singular do substantivo.

> BALÃO – BALÕES
> CAMINHÃO – CAMINHÕES
> PÃO – PÃES
> ALEMÃO - ALEMÃES
> CIDADÃO – CIDADÃOS
> MÃO – MÃOS

Substantivos terminados em consoante

Acrescenta-se **-es** à forma singular dos substantivos terminados em **-r**, **-z** ou **-n**.

> AÇÚCAR = AÇÚCARES
> XADREZ = XADREZES

Substantivos oxítonos terminados em **–s** recebem a terminação **–es**, mas se forem paroxítonos ou proparoxítonos são invariáveis.

FREGUÊS = FREGUESES
PORTUGUÊS = PORTUGUESES
LÁPIS = OS LÁPIS
ÔNIBUS = OS ÔNIBUS

Substantivos terminados em **–al**, **–el**, **–ol**, **–ul** troca-se **–l** por **–is**.

JORNAL = JORNAIS
PAPEL = PAPÉIS
ÁLCOOL = ÁLCOOIS
AZUL = AZUIS

Substantivos terminados em **–il** troca-se **–l** por **–s**, se oxítonos, e quando terminados em **–el** troca-se **–l** por **–is**, se paroxítonos.

FUZIL = FUZIS
PROJÉTIL = PROJÉTEIS

Substantivos que fazem o diminutivo em **–zinho** e aumentativo em **–zão** exigem marcação de plural não somente do sufixo, mas também no radical (perde-se o **–s** do plural no radical):

PAPELZINHO = PAPEIZINHOS (PAPÉI (S)+ ZINHOS)
BARZINHO = BAREZINHOS (BARE (S) + ZINHOS)

Substantivos compostos

Nos substantivos compostos não ligados por hífen apenas o segundo radical vai para o plural.

AGUARDENTE = AGUARDENTES
LOBISOMEM = LOBISOMENS

34 **português básico**

Nos substantivos compostos ligados por hífen há três possibilidades de realização do plural:

Apenas o primeiro radical vai para o plural (quando os radicais são ligados por preposição ou quando o segundo elemento especifica o primeiro).

PÉ-DE-CABRA = PÉS-DE-CABRA
PIMENTA-DO-REINO = PIMENTAS-DO-REINO

Apenas o segundo radical vai para o plural (quando o primeiro radical é verbo ou palavra invariável).

GUARDA-CHUVA = GUARDA-CHUVAS
VICE-PRESIDENTE = VICE-PRESIDENTES

Ambos os radicais vão para o plural (compostos formados por palavras variáveis).

CARTÃO-POSTAL = CARTÕES-POSTAIS
AMOR-PERFEITO = AMORES-PERFEITOS

▶ Flexão de grau

Na língua portuguesa os substantivos podem ser utilizados no grau normal, aumentativo ou diminutivo. Para marcar a variação de grau são utilizados dois processos:

Sintético: a partir do uso de sufixos aumentativos ou diminutivos acrescentados ao radical da palavra.

MENINO = MENININHO = MENINÃO
BONECA= BONEQUINHA= BONECONA

Analítico: através do acréscimo de um adjetivo que indique aumento ou redução da ideia de tamanho.

MENINO = MENINO PEQUENO = MENINO GRANDE
BONECA= BONECA MINÚSCULA= BONECA GRANDE

> **atenção** ●
>
> O uso do aumentativo e diminutivo podem indicar, além da redução ou aumento de tamanho, alterações no valor semântico do substantivo, manifestando assim a subjetividade da linguagem através de conotações afetivas ou depreciativas. Veja:
>
> ▶ Amorzinho = conotação afetiva
>
> ▶ Amigão= conotação afetiva
>
> ▶ Jornaleco = conotação depreciativa
>
> ▶ Mulherzinha = conotação depreciativa
>
> É preciso esclarecer que o valor semântico do aumentativo ou diminutivo está intimamente ligado ao contexto de uso, portanto, é necessário estar atento ao contexto no qual estão sendo utilizadas as formas diminutiva e aumentativa.

ARTIGO

Artigo é a palavra que, vindo antes de um substantivo, indica se ele está sendo empregado de maneira definida ou indefinida, indicando ao mesmo tempo, o gênero e o número dos substantivos.

O artigo definido indica um ser determinado no interior de uma espécie. São artigos definidos: o, a, os, as.

A LÂMPADA ACABOU DE QUEIMAR.

O artigo indefinido indica um sentido genérico, apresentando um ser/elemento de forma indefinida e muitas vezes vaga. São artigos indefinidos: um, uma, uns, umas.

UMA LÂMPADA ACABOU DE QUEIMAR.

Fonte: ratch0013/iStock/Thinkstock.

ADJETIVO

Adjetivos são palavras que caracterizam os substantivos. Assim, pode-se dizer que ele é o elemento determinante e o substantivo é o elemento determinado, pois, ao adjetivo dá-se a função de ampliar ou limitar o sentido de um substantivo.

Note:

> HOMEM HONESTO, MULHER ESPERTA, CRIANÇA CHORONA

Quanto à formação os adjetivos, dividem-se em primitivos ou derivados, simples ou compostos.

ADJETIVOS PRIMITIVOS

São aqueles que possuem radicais indicadores de características, independente de seres ou ações que os representem.

> AZUL, PEQUENO, TRISTE, ESCURO, VERMELHO

ADJETIVOS DERIVADOS

São aqueles formados a partir de outros radicais.

> AZULADO, ENTRISTECIDO, DESCONFORTÁVEL, APAVORADO

Ainda dentro dos adjetivos derivados é preciso mencionar a existência dos adjetivos pátrios, que são substantivos derivados que se referem ao local de origem de determinado elemento.

BRASILEIRO, MINEIRO, PAULISTA, BELO-HORIZONTINO, CATARINENSE

ADJETIVOS SIMPLES

Apresentam um único radical.

GRANDE, ESPECIAL, BRANCO, INFELIZ, AMEDRONTADO

ADJETIVOS COMPOSTOS

Formados por mais de um radical.

VERMELHO-SANGUE, SOCIOECONÔMICO, LUSO-BRASILEIRO

▶ **Flexão dos adjetivos**

Assim como os substantivos, os adjetivos também flexionam-se em gênero, número e grau, pois os adjetivos devem acompanhar e concordar com os substantivos que determinam. Logo, se o adjetivo determina um substantivo feminino no plural, ele também deve estar na forma feminina e no plural:

AS MENINAS BONITAS.

Fonte: KakigoriStudio/iStock/Thinkstock.

▷ Flexão de gênero

Os adjetivos não possuem gênero definido, eles adquirem o gênero do substantivo que determinam. Assim, quanto ao gênero, podemos dizer que eles classificam-se como biforme ou uniforme.

Biformes são os adjetivos que apresentam duas formas: uma para o masculino e outra para o feminino. Observe:

BONITO = BONITA
MAGRO = MAGRA
ALTO = ALTA

Para a formação do feminino dos adjetivos veremos agora algumas regras:

Adjetivos terminados em –o fazem o feminino trocando essa terminação por –a:

MENINO ESPERTO = MENINA ESPERTA

Adjetivos terminados em –u , -ês ou –or recebem o acréscimo do sufixo –a:

ARROZ CRU = CARNE CRUA
HOMEM PORTUGUÊS = MULHER PORTUGUESA

Alguns adjetivos terminados em –dor e –tor trocam essa terminação por –triz, ou substituem –or por –eira:

IMPULSO MOTOR = FORÇA MOTRIZ
HOMEM TRABALHADOR = MULHER TRABALHADEIRA

Adjetivos terminados em –ão fazem o feminino com –ã ou –ona:

HOMEM CRISTÃO = MULHER CRISTÃ
MENINO COMILÃO = MENINA COMILONA

Os adjetivos que têm terminação em ditongo –eu fazem o feminino em –eia:

ATOR EUROPEU = ATRIZ EUROPEIA

Os terminados em –éu formam o feminino em –ao:

ILHÉU = ILHOA

É preciso mencionar também a exceção do adjetivo mau, que forma o feminino com a forma má.

Quanto aos adjetivos compostos biformes, a maioria flexiona no gênero feminino apenas o segundo elemento:

Consultório médico-dentário = clínica médico-dentária

exceções !¡!
- ▸ Azul-marinho (que é uniforme) e surdo-mudo, cujos dois elementos flexionam-se no gênero feminino (surda-muda).

- ▸ Os adjetivos uniformes são aqueles que apresentam uma forma única, tanto para o masculino como para o feminino. Ex.: especial, forte, insuportável, difícil.

▷ **Flexão de número**

Os adjetivos estabelecem a concordância com os substantivos que determinam; assim, se o adjetivo acompanhar um substantivo no singular, ele permanecerá no singular e se acompanhar um substantivo no plural, será flexionado no plural.

A formação do plural dos adjetivos simples ocorre da mesma maneira que se forma o plural dos substantivos simples. Já nos adjetivos compostos formados por dois adjetivos somente o segundo elemento flexiona-se no plural:

CLÍNICA MÉDICO-DENTÁRIA = CLÍNICAS MEDICO-DENTÁRIAS
ACORDO LUSO-BRASILEIRO = ACORDOS LUSO-BRASILEIROS

> **exceções !¡!**
> - Azul-marinho e azul-celeste (invariáveis) e surdo-mudo, cujos dois elementos pluralizam-se (surdos-mudos).
> - Adjetivos compostos referentes a cores, cujo segundo elemento é um substantivo, também são invariáveis: Tinta amarelo-ouro = tintas amarelo-ouro; blusa verde-água = blusas verde-água.

▷ **Flexão de grau**

Quanto à variação de grau, os adjetivos modificam-se de acordo com os graus em que se encontram, comparativo ou superlativo, e variam através das formas sintéticas ou analíticas.

▷ **Grau comparativo**

Há comparação entre características de dois ou mais seres. Essa comparação pode ressaltar igualdade, superioridade ou inferioridade, ocorrendo na maioria das vezes na forma analítica. Veja:

> O MEU VIZINHO É TÃO RICO QUANTO O SEU. (COMPARATIVO DE IGUALDADE)
> O PAI DE JOSUÉ É MAIS ALTO QUE O DE CAMILA. (COMPARATIVO DE SUPERIORIDADE)
> O CARRO DE MÁRCIO É MENOS RÁPIDO QUE O DE MARCUS. (COMPARATIVO DE INFERIORIDADE)

Fonte: IgorZakowski/iStock/Thinkstock.

Alguns poucos adjetivos apresentam forma sintética para exprimir o comparativo de superioridade: bom e mau (melhor e pior), grande e pequeno (maior e menor).

▷ Grau superlativo

No grau superlativo, uma característica é intensificada de forma relativa ou absoluta, dessa forma, o superlativo divide-se em superlativo relativo ou superlativo absoluto.

Com a utilização do grau superlativo relativo pretende-se destacar uma característica de um ser, em maior ou menor grau, dentro de um conjunto de seres:

> ELE É O MENOS ESPERTO DA SUA TURMA.
> ANDRÉIA É A MAIS ALTA DA ESCOLA.

Com a forma absoluta do superlativo pretende-se transmitir a ideia de que determinado ser/elemento possui uma característica em alto grau. O grau superlativo absoluto pode ser expresso na forma sintética ou analítica, observe:

> O MENINO É MUITO ESPERTO/ O MENINO É ESPERTÍSSIMO.
> O BRINQUEDO É MUITO CARO/ O BRINQUEDO É CARÍSSIMO.

4

Classes gramaticais II

> 4

● neste capítulo você estudará:

>> **PRONOMES:** pessoais, de tratamento, possessivos, demonstrativos, indefinidos, interrogativos e relativos.

>> **NUMERAIS:** cardinais, ordinais, multiplicativos, fracionários e coletivos.

>> **VERBO:** flexões de número, pessoa, modo e tempo.

PRONOMES

A linguagem é uma atividade essencialmente social. Para realizá-la, é preciso a formulação de discursos que somente são possíveis com a presença de um "eu" e um "outro". Na linguagem, a presença das pessoas do discurso é diretamente marcada pela utilização dos pronomes.

A principal função dos pronomes, portanto, é fazer referência às pessoas do discurso delimitando-as gramaticalmente. Observe que no exemplo a seguir a utilização do pronome "você" marca gramaticalmente a presença da comunicação com a segunda pessoa do discurso (o ser com quem se fala).

Fonte: Pelo Buraco da Agulha (2011).

Assim, é possível definir o pronome como uma palavra invariável que identifica na língua os participantes do discurso: primeira pessoa (o ser que fala), segunda pessoa (o ser com quem se fala) e terceira pessoa (o ser de que se fala).

Existem seis tipos de pronomes: pessoais e de tratamento, possessivos, demonstrativos, indefinidos, interrogativos e relativos.

PRONOMES PESSOAIS

Fazem referência direta e explícita às pessoas do discurso.

▶ PRONOMES PESSOAIS

NÚMERO	PESSOA	PRONOMES RETOS	PRONOMES OBLÍQUOS TÔNICOS	PRONOMES OBLÍQUOS ÁTONOS
SINGULAR	1ª	EU	MIM, COMIGO	ME
SINGULAR	2ª	TU	TI, CONTIGO	TE
SINGULAR	3ª	ELE, ELA	SI, CONSIGO / ELE, ELA	SE, O, A, LHE
PLURAL	1ª	NÓS	NÓS, CONOSCO	NOS
PLURAL	2ª	VÓS	VÓS, CONVOSCO	VOS
PLURAL	3ª	ELES, ELAS	ELES, ELAS, SI, CONSIGO	SE, OS, AS / LHES

atenção Alguns gramáticos e linguistas já incluem na 2ª pessoa os pronomes "você" e "vocês", que, embora empregados com a forma verbal da 3ª pessoa, indicam a 2ª pessoa do discurso.

PRONOMES DE TRATAMENTO

São palavras que funcionam como pronomes pessoais e são utilizados para designar o interlocutor. É o contexto e o interlocutor que definem que pronome de tratamento deve ser utilizado para realização do discurso.

A seguir você verá a reprodução de uma tabela contendo os principais pronomes de tratamento e suas abreviaturas.

▶ PRONOMES DE TRATAMENTO

PRONOMES DE TRATAMENTO	ABREVIATURA (SINGULAR)	ABREVIATURA (PLURAL)	USADOS PARA
VOCÊ	v.	v.v	AMIGOS MAIS ÍNTIMOS, FAMILIARES.
SENHOR, SENHORA	Sr., Srª.	Srs., Srªs.	PESSOAS COM AS QUAIS SE MANTÉM UM TRATAMENTO MAIS RESPEITOSO.

VOSSA SENHORIA	V. S^a.	V. S^{as}	PESSOAS DE CERIMÔNIA, PRINCI-PALMENTE EM TEXTOS ESCRITOS, COMO CORRESPONDÊNCIAS, REQUERIMENTOS, OFÍCIOS, ENTRE OUTROS.
VOSSA EXCELÊNCIA	V. Ex^a.	V. Ex^{as}.	ALTAS AUTORIDADES, COMO SENA-DORES, PRESIDENTE DA REPÚBLICA, DEPUTADOS.
VOSSA EMINÊNCIA	V. Em^a.	V. Em^{as}.	CARDEAIS
VOSSA ALTEZA	V. A.	VV. AA.	PRÍNCIPES E DUQUES
VOSSA SANTIDADE	V. S.	-	O PAPA
VOSSA REVEREN-DÍSSIMA	V. Rev^{Ma}.	V. Rev^{Mas}.	SACERDOTES E RELIGIOSOS EM GERAL
VOSSA PATERNI-DADE	V. P.	VV. PP.	SUPERIORES DE ORDENS RELIGIOSAS
VOSSA MAGNIFI-CÊNCIA	V. Mag^a.	V. Mag^{as}.	REITORES DE UNIVERSIDADES
VOSSA MAJESTADE	V. M.	VV. MM.	REIS E RAINHAS

PRONOMES POSSESSIVOS

São aqueles que fazem referência às pessoas do discurso indicando uma relação de posse material ou afetiva.

CUIDADO COM O "SEU"!

Este caso aconteceu com um velho amigo. Ele, gerente de vendas de uma multinacional, ao voltar do almoço, encontrou sobre sua mesa um memorando interno no qual estava escrito:

"Encontrei o seu diretor e resolvemos fazer uma reunião em seu escritório às 15h."

Imediatamente ligou para sua secretária e pediu que ela preparasse tudo para a tal reunião, principalmente a limpeza da mesa e mais algumas cadeiras.

Às 15h em ponto, lá estava ele à espera do seu diretor.

Às 15h10min, nada. Achou estranho, pois o diretor sempre exigiu muita pontualidade de todos.

Às 15h15min, um telefonema. Era o diretor: "Que é que você está fazendo aí que ainda não veio para a reunião?"

Só então ele entendeu que o "seu escritório" não era o dele próprio, mas sim o do diretor.

Fonte: Nogueira (20--?).

Fonte: Comomolas/iStock/Thinkstock.

No exemplo anterior é possível observar a utilização do pronome possessivo "seu" estabelecendo tanto uma relação de posse afetiva "seu diretor", "sua secretária" quanto posse material "seu escritório", "sua mesa".

Veja a seguinte tabela contendo os principais pronomes possessivos.

▶ PESSOAS DO DISCURSO	▶ PRONOMES POSSESSIVOS
1ª PESSOA (SINGULAR)	MEU, MINHA, MEUS, MINHAS
2ª PESSOA (SINGULAR)	TEU, TUA, TEUS, TUAS
3ª PESSOA (SINGULAR)	SEU, SUA, SEUS, SUAS
1ª PESSOA (PLURAL)	NOSSO, NOSSA, NOSSOS, NOSSAS
2ª PESSOA (PLURAL)	VOSSO, VOSSA, VOSSOS, VOSSAS
3ª PESSOA (PLURAL)	SEU, SUA, SEUS, SUAS

PRONOMES DEMONSTRATIVOS

São aqueles que fazem referência às pessoas do discurso estabelecendo, entre elas e os seres por eles designados, uma relação de proximidade ou distanciamento, no tempo e no espaço.

▶ PRONOMES DEMONSTRATIVOS

PESSOA	PRONOMES DE-MONSTRATIVOS VARIÁVEIS (EM GÊNERO E NÚMERO)	RELAÇÃO ESPACIAL	RELAÇÃO TEMPORAL
1ª PESSOA: (EU/NÓS) (EMISSOR: QUEM FALA / ESCREVE)	ESTE / ESTA ESTES / ESTAS	ESTE PARQUE É INTERESSANTE. (PARQUE MAIS PRÓXIMO DA PESSOA QUE FALA OU ESCREVE.)	ESTE FILME É O ÚLTIMO LANÇAMENTO NA CIDADE. (FILME MAIS RECENTE, NO TEMPO PRESENTE.)
2ª PESSOA: (TU / VÓS) (RECEPTOR: PARA QUEM SE FALA / ESCREVE)	ESSE / ESSA ESSES / ESSAS	ESSA PRAÇA É MAIS INTERESSANTE. (PRAÇA MAIS PRÓXIMA DA PESSOA COM QUEM SE FALA/ESCREVE E UM POUCO DISTANTE DE QUEM EMITE A MENSAGEM.)	ESSE LIVRO, LANÇADO NO ANO PASSADO, DESPERTOU EMOÇÕES. (LIVRO LANÇADO EM TEMPO PRÓXIMO AO PRESENTE: PASSADO RECENTE.)
3ª PESSOA: (ELE-A / ELES-AS) (OBSERVADO: SOBRE QUEM SE FALA / ESCREVE)	AQUELE / AQUELA AQUELES / AQUELAS	AQUELA PAISAGEM É INTERESSANTE. (PAISAGEM MAIS PRÓXIMA DE ALGUÉM DE QUEM SE FALA/ESCREVE E BEM DISTANTE DA PESSOA QUE EMITE A MENSAGEM.)	AQUELE ESPETÁCULO DE CIRCO MARCOU MINHA INFÂNCIA. (ESPETÁCULO PRESENCIADO EM MOMENTO DISTANTE DO PRESENTE.)
SÍNTESE	ESTE / ESTA ESTES / ESTAS ESSE / ESSA ESSES / ESSAS AQUELE / AQUELA AQUELES / AQUELAS	HÁ TRÊS QUARTOS NA CASA: ESTE É O MEU, ESSE PODE FICAR PARA VOCÊ E AQUELE, NO FIM DO CORREDOR, DEIXAMOS PARA O MARCELO.	ENQUANTO ESTE FILME REVELA AS TENDÊNCIAS DA MINHA GERAÇÃO, ESSE MARCOU/VAI MARCAR AS POSTURAS DE DIFERENTES ESPECTADORES E AQUELE OUTRO NÃO DEIXOU SAUDADES.

Fonte: Escreva Mais e Melhor (2013).

PRONOMES INDEFINIDOS

Fazem referência à terceira pessoa do discurso de uma maneira indefinida, vaga, imprecisa ou genérica.

COMPREI MUITOS LIVROS.
GOSTARIA DE LER ALGUNS LIVROS INTERESSANTES.

Os pronomes indefinidos podem ser variáveis ou invariáveis:

▶ PRONOMES INDEFINIDOS

VARIÁVEIS	INVARIÁVEIS
ALGUM, ALGUNS, ALGUMA, ALGUMAS	ALGUÉM
NENHUM, NENHUNS, NENHUMA, NENHUMAS	TUDO
TODO, TODOS, TODA, TODAS	OUTREM
OUTRO, OUTROS, OUTRA, OUTRAS	ALGO
MUITO, MUITOS, MUITA, MUITAS	CADA
POUCO, POUCOS, POUCA, POUCAS	MAIS
CERTO, CERTOS, CERTA, CERTAS	NINGUÉM
VÁRIO, VÁRIOS, VÁRIA, VÁRIAS	NADA
TANTO, TANTOS, TANTA, TANTAS	MENOS
QUANTO, QUANTOS, QUANTA, QUANTAS	DEMAIS
UM, UNS, UMA, UMAS	
BASTANTE, BASTANTES	
QUALQUER, QUAISQUER	

PRONOMES INTERROGATIVOS

São usados nas perguntas diretas ou indiretas. São eles: que, quem, qual, quanto.

QUE SÃO PRONOMES INTERROGATIVOS? (PERGUNTA DIRETA)

O PROFESSOR PERGUNTOU AOS ALUNOS QUE SÃO PRONOMES INTERROGATIVOS. (PERGUNTA INDIRETA)

PRONOMES RELATIVOS

São relativos aqueles pronomes que fazem referência a algum elemento anteriormente mencionado no texto, considerando o seu antecedente, com o qual estabelecem uma relação de natureza anafórica.

> COMPREI UM LIVRO DE MACHADO DE ASSIS QUE TEM ALGUNS CONTOS MUITO INTERESSANTES. ESTE É O MEU PAI, A QUEM DEVO AS ORIENTAÇÕES QUE ME AJUDARAM A DEFINIR O RUMO DA MINHA VIDA.

Fonte: gotustudio/iStock/Thinkstock.

▶ PRONOMES RELATIVOS

VARIÁVEIS	INVARIÁVEIS
O QUAL, A QUAL, OS QUAIS, AS QUAIS	QUE (QUANDO EQUIVALE A "O QUAL" E FLEXÕES)
CUJO, CUJA, CUJOS, CUJAS	QUEM (QUANDO EQUIVALE A "O QUAL" E FLEXÕES)
QUANTO, QUANTA, QUANTOS, QUANTAS	ONDE (QUANDO EQUIVALENTE A "NO QUAL" E FLEXÕES)

 para saber A seguir você encontrará uma reportagem publicada na Revista Língua Portuguesa de maio de 2011, que poderá auxiliar na construção da função sintática dos pronomes em contexto real de comunicação. Faça uma boa leitura!

LÍNGUA PORTUGUESA

O LUGAR DO OUTRO

Substituto dos nomes e articulador do discurso, o pronome define nossa identidade, mas ainda causa muita confusão

– Luiz Costa Pereira Junior

Os pronomes poupam muito trabalho. Eles nos libertam da inconveniência de fazer referência às mesmas coisas em seguida, o que evita a poluição de nomes iguais no mesmo texto.

Tradicionalmente, são considerados substitutos do substantivo, termos com a função de nome, um adjetivo ou uma oração (o prefixo pro- significa, entre outros sentidos, "em lugar de"). Mais do que isso, por conta disso, são agentes de organização do discurso. Garantem, de quebra, o tom desse discurso, que pode variar do coloquial ao formal ou do pessoal ao impessoal dependendo do gênero, da situação comunicativa e da intenção do falante.

O uso dos pronomes (pessoais, possessivos, demonstrativos, indefinidos, interrogativos, relativos) chega até a induzir a forma como encaramos uma cultura, para além do risco de determinismo linguístico.

Em finlandês, por exemplo, o verbo muitas vezes dispensa o pronome. Sinal de um povo que dá por implícita a referência da ação a um sujeito, um trato direto e uma remissão evidente que por vezes economiza substitutos dos nomes?

Em japonês haveria o oposto, os pronomes de tratamento são considerados tão abundantes que, suspeita-se, sinalizam uma comunidade linguística que dá importância ao respeito com o outro e às relações hierárquicas.

No Brasil, o sistema pronominal é tão singular que há quem veja neles uma marca de nossas diferenças diante de outras variantes do português, como a europeia.

Gilberto Freyre observa, em *Casa Grande & Senzala* (1933), que a formação patriarcal estabelecida pelos senhores de escravos no Brasil colonial se traduzia no uso seco dos imperativos, na orientação implacável, na firmeza de mando. Escreve Freyre (Record, 2000: 389):

O modo português adquiriu na boca dos senhores certo ranço de ênfase hoje antipático: faça-me isso; dê-me aquilo.

A herança escrava teria aprimorado uma dolência vernacular, uma "maneira filial, meio dengosa" de se dirigir ao *pater* famílias".

A confiar em Freyre, o brasileiro teria enfatizado a opção por um "modo mais doce" de pedir: "me dê" no lugar de "dê-me"; "me faça", mais brando que "faça-me", doce aversão ao "imperativo antipático" prescrito pela gramática tradicional lusa, com a ênclise (colocação do pronome oblíquo átono depois do verbo) e a mesóclise (colocação no meio). A "próclise absoluta", como a chamam Rodolfo Ilari e Renato Basso em *O Português da Gente* (Contexto, 2006: 132), antecipa o pronome átono para o início da sentença e teria transformado em súplica aquilo que soaria como cerimonioso e até autoritário.

O português, diz o professor Jean Lauand, da Faculdade de Educação da USP, conseguiu a proeza de tomar para si pronominalmente aquilo que de outro modo nos pareceria distante (um exemplo disso seria a expressão: "Minha Nossa Senhora"). O brasileiro faria, por via pronominal, o impessoal virar pessoal: se o francês, exemplifica Lauand, diz on ("*En Espagne on dine rarement avant 22 heures*"), no falar daqui prevalece o "você", para que o interlocutor sinta o alcance pessoal da situação (impessoal) de que se fala: "Na Espanha você não janta antes das dez". A aproximação pessoal dá-se no vocativo paulista "Ô meu" e na expressão "a gente". Até o pronome oblíquo projeta essa busca brasileira por conexão íntima com as coisas a que faz referência: "Não me bata neste cachorro!" (ferir o cachorro é ferir a mim).

INTIMIDADE

Historicamente, o Brasil estimulou o uso de pronomes entre o verbo principal e o auxiliar ("Hei de lhe oferecer") e escolheu os pronomes que lhe soaram melhor. "Você" e "a gente" ganharam peso como pronomes pessoais; "tu" e "vós" foram escanteados, a não ser se o verbo na 2ª pessoa do singular é usado como se fosse da 3ª ("tu vai" e não "tu vais"). Usá-los segundo a tradição europeia é tão raro que chama atenção para o litoral de Santa Catarina e o sul do Rio Grande do Sul, onde é comum a flexão "tu queres". Com a impopularidade de "tu" e "vós", a 3ª pessoa verbal se generalizou no país.

O amplo uso de "você" em lugar de "tu" teve consequências no Brasil: instituiu, por exemplo, a falta de clareza no uso de "seu", pronome possessivo que pode se referir a um sujeito ou a outro, a depender da construção. Em "Ricardinho contou ao amigo que sua mulher saiu com o Ricardão", não sabemos se a mulher em questão é a de Ricardinho ou do amigo, dúvida que só acaba (cabe a Ricardinho se perguntar se é o caso de acabar) ao considerar-se o contexto.

ESCORREGADIOS

Já os pronomes complementos clíticos, em particular os de 3ª pessoa (o, a, os, as), têm sido preteridos em favor do sintagma nominal pleno ou até pelo pronome sujeito correspondente (o "ele" acusativo), como em "Eu vi ele". Há até a eliminação do pronome complemento, por pura esquiva de ser pego no erro (a pessoa redige "Seu advogado estava no fórum" e, logo depois, na incerteza se o correto é "Eu o vi" ou "Eu lhe vi", escreve "Eu vi seu advogado no lugar", repetindo a palavra "advogado" em frases sucessivas).

Os pronomes são, assim, mais escorregadios do que parecem. Usados no lugar de outros termos, não têm necessariamente um significado, pois são uma espécie de "cópia" usada no lugar de outras palavras, como os desenhos nos quadros negros que ilustram estas páginas. Embora nos ajudem a referir coisas e pessoas, evitando repetições, podem dar margem a erros de interpretação e ambiguidades de referência.

Os quadros das próximas páginas, com cascas de banana pronominais, podem ajudar a prevenir problemas de comunicação e fazer o pronome ser, de fato, um substituto à altura do que desejamos dizer.

DEGRAU PRONOMINAL

Como os pronomes ajudam a construir o sentido das frases.

– Por João Jonas Veiga Sobral

O pronome tem a capacidade de promover remissão (sua natureza é, como se diz, fórica). A natureza fórica é a responsável pelo processo de referência e de substituição em um texto.

Por meio da interlocução, os pronomes fazem referência aos participantes de um discurso. Por remissão textual, fazem alusão a pessoas ou a coisas que participam dele.

entenda »

PRONOMES

Exofóricos: Quando fazem referência a uma pessoa do discurso: **"Você precisa conhecer as últimas novidades."** Aqui, o pronome de tratamento "você" não faz parte necessariamente da situação de discurso, apenas substitui a pessoa a quem a mensagem se dirige.

Endofóricos: Se a comunicação exige substituição de um termo por pronome: **"Você precisa conhecer as últimas novidades, a elas** vão impressionar".

FUNÇÕES

Há ainda funções anafóricas e catafóricas responsáveis pelo processo remissivo em um texto:

Anafórica: Quando retomam um termo, oração ou expressão: **"Preguiça: esse é o seu problema."**

Catafórica: Quando anunciam o termo que virá: **"Este é o seu problema: preguiça."**

Como agentes articuladores, os pronomes têm nuances que ajudam a construir o sentido de um texto. Daí a crítica a quem, nas escolas, trabalha com essa categoria gramatical limitando-se à classificação ou a exercícios de correção. Afinal, os pronomes podem oferecer ao usuário da língua muitas possibilidades de modular um texto.

ILUSÕES DA COLOCAÇÃO PRONOMINAL

O lugar do pronome oblíquo átono depende mais do ritmo e do equilíbrio da frase do que de regras rígidas, mas sua colocação não é tão livre assim.

– Por Josué Machado

Entre os muitos aspectos que se podem estudar do pronome, o que mais costuma gerar dificuldades é o da colocação do pronome oblíquo átono na frase (lembrados pelos palavrões "próclise", "ênclise" e "mesóclise").

Nas variedades linguísticas brasileiras, o pronome oblíquo átono costuma flutuar, sem muito compromisso com regras. Mas não convém exagerar, como fazem sem querer alguns profissionais distraídos, porque, apesar da liberdade vigente entre nós, os especialistas tentam sistematizar os fatos da língua baseados na frequência de uso. Como princípio, o pronome átono se coloca sempre junto de uma forma verbal, embora no passado houvesse usos como **"A Bolsonaro lhe não bastou ofender Preta Gil"**.

A PRÓCLISE É NOSSO BALÃO BRANCO

A colocação do pronome antes do verbo que o rege é a posição mais comum nas variedades de português falado no Brasil, diz José Carlos de Azeredo em sua *Gramática Houaiss da Língua portuguesa* (Publifolha, 2008). Ocorre se a palavra que precede o verbo é advérbio, pronome de significado negativo ou indefinido, conjunção subordinativa, pronome relativo ou conjunção coordenativa alternativa. Mais ainda se o verbo estiver no modo subjuntivo.

Mas não é necessário que na oração ocorram tais palavras e conectivos para ocorrer a próclise (conforme exemplo a seguir). Tanto que Mário Perini equaciona ousada e sinteticamente o problema da colocação pronominal ao descrever a variedade nacional em *Gramática do Português Brasileiro* (Parábola, 2010):

O pronome oblíquo (sem preposição) se posiciona sempre antes do verbo principal da oração.

Quando descreve exemplos para ampará-lo, Perini inclui um de colocação, restrito quase sempre à fala ou à escrita descontraída: **"Me empresta esse livro, por favor".**

De fato, até o Padre Vieira (1608-1697) a usou em uma carta: **"Me avisam em muito secreto que a Espanha tem resoluto romper a guerra com a França."**

Quem o registra é Eduardo Carlos Pereira, em *Gramática Expositiva - Curso Superior* (Cia. Editora Nacional, 114ª edição, 1958). A 1ª edição da obra data de 1907.

entenda ≫

Com sujeito explícito, exemplos comuns à variedade culta: **O deputado as convidou para ir ao exterior. O deputado me convidou. Elas o querem. Luís nos disse que é feliz.**

Mais razão haverá para a próclise se, além de sujeito explícito, a frase tiver o verbo no futuro do presente ou do pretérito: **Os políticos nos levarão no bico. O perdão dela me faria bem. Eu lhe mandarei o livro.**

A formal mesóclise, que caberia com formas verbais desse tipo, está em desuso; ainda mais na fala: **Mandar-lhe-ei o livro. Dir-nos-ia tudo se pudesse.**

relembre ≫

PALAVRAS AMIGAS DA PRÓCLISE

Considerando que muitos leitores podem ter esquecido como identificar as palavras com as quais ocorre a próclise, convém alinhar as mais frequentes:

Palavras negativas e advérbios (não, nem, nunca, ainda, assaz, bastante, bem, já, jamais, mais, mal, muito, menos, pouco, quanto, quase, quem, quiçá, sempre, só, talvez, tanto, etc.);

conjunções, principalmente subordinativas (quando, enquanto, se, que, etc.);

pronomes relativos (que, quem, cujo, etc.);

pronomes indefinidos (tudo, alguém, nada, etc.);

pronomes pessoais retos (eu, tu, etc.) em muitos casos;

ou... ou, ora ... ora, etc. (das orações coordenadas sindéticas alternativas).

Não LHE digo o que merece por pena. Não SE ouve o tiro que NOS mata. Ninguém O notou ao entrar.

Nunca TE vi, sempre TE amei. Se LHE desse a mão, pedia o braço. Ou SE corrige, ou SE estrepa.

OS DEGRAUS DA ÊNCLISE

Fora os casos vistos nas páginas anteriores, usa-se a ênclise em poucos outros, nos quais sempre haverá formalidade. Tanto que se procura adotar forma em que seja possível adotar a próclise. Ou se torna o sujeito explícito ou se muda a disposição da frase. Pois ninguém pedirá num almoço de família "Passe-me a terrina de feijão" e, sim, um informal "Me passe o feijão", ensinava o professor Carlos Faraco, da Escola N. S. das Graças, em São Paulo.

Em frase iniciada por verbo: Dê-me o livro. Enchi-me de coragem.

Com infinitivo impessoal: Decidiram considerá-los inocentes. Resolveram aumentar-lhe o salário.

Com verbo no gerúndio, se não precedido por "em": Virando-se, pisou no que não devia.

Com o verbo no imperativo afirmativo, em uso literário e artificial: Deixai-a seguir em paz.

Com infinitivo e gerúndio: Em locuções com o verbo principal no infinitivo (desinência -ar, -er, -ir, -or) ou no gerúndio (-ndo), a frase flui melhor com o pronome antes do verbo principal: Precisam nos avisar. Ela quer me enciumar.

Em textos formais, ou se antecipa o pronome ao verbo auxiliar ou se usa a ênclise ao verbo principal. O formalismo aumenta e lembra a variedade lusitana.

exceção !¡!

Gerúndios que os lusos repelem: **"Estou a lixar-me para o povo"** x **"Estou-me li-xando para o povo"**. Se o pronome estiver sem hífen junto do verbo auxiliar, a infor-malidade aumenta: **Eles devem avisar-nos. Ela quer enciumar-me. Eles devem-nos avisar. Ela quer-me enciumar. Eles devem nos avisar. Ela quer me enciumar.**

Com particípio: Jamais se coloca o pronome átono após o particípio (desinência -do: amado, comido, partido, exceto alguns irregulares: dito, feito, posto, etc.). Com particípio, o pronome se liga ao verbo auxiliar. A formalidade é marcada pelo hífen ligando o pronome em ênclise ao verbo auxiliar. No texto menos formal, evita-se o hífen: **Haviam-lhe contado que o Congresso é baba. Haviam lhe contado... Eles lhe haviam contado...**

Com o/a/os/as: Aqui, o pronome se antecipa ao verbo auxiliar; a menos que a cons-trução tenha infinitivo ou gerúndio, caso em que será melhor colocar o pronome de-pois deles. Se a ênclise for ao infinitivo, o pronome assume as formas variantes lo/la/los/las, colocações que sempre parecerão artificiais: **Eles não a tinham de convo-car. Eles não tinham de convocá-la.**

As variantes *-no, -na, -nos, -nas* são exclusivas de registros formais ou ultraformais e surgem sempre após as formas verbais terminadas por vogal ou ditongos nasais (*-am; -em*): Tragam-nos aqui. (JM)

LHE X O/A? UMA DOR DE CABEÇA

Distração comum é o uso do pronome oblíquo átono "lhe" em vez de "o" e "a" (e seus plurais) com verbos transitivos diretos, que rejeitam preposição. Pelo padrão formal, o lhe é complemento de verbos transitivos indiretos, preposicionados.

Então, não fica bem dizer, ou escrever: Eu lhe amo. Conheceu-lhe na rua... Quero lhe abraçar. Melhor: Eu a amo, Conheceu-o na rua, Quero abraçá-la.

O que vale, claro, é a adequação da linguagem à circunstância, ao momento, ao meio e ao interlocutor. Por isso, a verdade pode estar no "eu te amo", "eu lhe quero" natu-rais da linguagem descontraída regional. Só não fica bem usar a linguagem coloquial em conversa ou texto formais. (JM)

O "lhe" adequado à regência verbal

Muitos redatores pingam pronomes distraidamente (forma indiscutível entre parênteses): "Não sabem o que *lhes* aguarda" (os aguarda). "Apresentou-*lhe* ao senador" (Apresentou-o). "Não sabem o que *lhes* espera..." (o que os espera). Mas há casos adequados à regência:

Deu-lhe um mimo. Fez-lhe um agrado. Apresentou-lhe o senador. Trouxe-lhe um presente.

Verbos que rejeitam o "lhe"

Há verbos que rejeitam o "lhe", mesmo transitivos indiretos: aludir, aspirar, assistir (= presenciar), recorrer. Usa-se "a ele", "a ela", "a você":

Amava a mulher, por isso aludia a *ela* com frequência. O cargo de prefeito era bom: todos aspiravam a *ele*. O parto foi difícil; assisti a *ele* preocupado. Recorreu a você, pois não havia outro jeito.

PRONOME TORTURADO

As frases seguintes foram colhidas em jornais e revistas, em que os pronomes átonos gemem de tão malcolocados. Alguns casos antológicos (a colocação apropriada vem entre parênteses):

"Não ficarão órfãs porque deixei-as adultas..." (**as deixei**)

"Quando transferiu-se para..." (**se transferiu**)

"Havia formado-se." (**havia-se formado ou havia se formado**)

"Há os que acham que deve-se implantar..." (**que se deve implantar ou deve implantar-se**)

"Pois caberia-lhe o sacrifício..." (**lhe caberia**)

"Desse modo, poderia-se dizer..." (**se poderia dizer ou poderia dizer-se**)

"Por isso chamarei-a de a descoberta da..." (**a chamarei**)

"Como manda-o ..." (**o manda**)

"Assim é que nós colocamos-lhe." (**lhe colocamos**)

"Nem tudo perdeu-se ..." (**se perdeu**)

"Mas foi com Ari Barroso que tornei-me Brasil." (**que me tornei**)

O TOM DO DISCURSO

Posição e escolha de pronomes altera a força do texto.

Os pronomes têm um papel na articulação e na força retórica dos textos, pois promovem vínculos propositais entre os agentes do discurso. O pronome de tratamento "você" no lugar do pessoal "tu", por exemplo, gera entre os participantes do discurso uma relação mais estreita, pois a flexão em 2ª pessoa (tu) por tempos esteve presente em discursos distantes da fala cotidiana. A substituição do pessoal "nós" pela expressão "a gente" sinaliza afeto. Já o artigo indefinido antes do pronome indefinido pode incidir em redundância ou soar pejorativo:

"Um certo dia vi um terrível acidente." (redundância)

"Um certo prefeito roubou o dinheiro público." (pejorativo)

O possessivo "seu" ultrapassa a noção de posse se usado como tratamento ("Fique tranquilo, seu João") ou assume valor de substantivo ("Fique junto aos seus"). Sua posição na frase muda o sentido:

"Recebi suas informações" (= informações vindas de você)

"Recebi informações suas" (= informações sobre você)

Há vezes em que o possessivo "perde" a noção de posse e adquire papel intensificador ("Não faça isso, seu maluco!"). Em outras, o oblíquo tem função de possessivo ("Chutou-me a perna" = chutou minha perna). Demonstrativos não se limitam a indicar posição no tempo ou espaço, mas também imprecisão ("Um dia desses irei com você"; "João deve ter seus 40 anos"). (JJVS)

NUMERAL

O numeral é uma classe de palavras que indica o número ou a quantidade exata de seres, bem como o lugar que eles ocupam em uma série.

A classe de palavras numeral divide-se em: numerais cardinais, numerais ordinais, numerais multiplicativos, numerais fracionários e numerais coletivos.

NUMERAIS CARDINAIS

Os numerais cardinais designam o número ou a quantidade de seres. Observe que no título da reportagem a seguir o numeral cardinal 8 (oito) indica claramente a quantidade de escritores que criaram invenções muito importantes em nossa vida.

8 INVENTORES (QUE VOCÊ NÃO CONHECE) MUDARAM A SUA VIDA

Muitos objetos estão tão integrados ao nosso cotidiano que a gente nem se pergunta como eles surgiram. Tudo bem, é normal não questionar o surgimento da descarga, por exemplo. Mas isso tem um lado ruim também, porque inventores importantes que tiveram sacadas geniais para melhorar o nosso dia a dia são relegados ao limbo do anonimato. Por isso, a SUPER mostra 8 pessoas de que (provavelmente) você nunca ouviu falar, mas que criaram coisas sem as quais você não viveria. (...)

Em meses de muito calor, é comum agradecer mentalmente ao inventor do ar-condicionado. Mas você sabe quem ele é? O engenheiro americano Willis Haviland Carrier, nascido em 26 de novembro de 1876, é o responsável por essa ideia genial. Ele foi contratado para resolver o problema das mudanças de temperatura e umidade do ar em uma indústria gráfica e acabou por desenvolver as bases teóricas do condicionamento do ar. A empresa fundada por ele, a Carrier Corporation, produz e instala sistemas de ar-condicionado até hoje. (...)

Alexander Cummings não é famoso, mas sua invenção é bem íntima de todos nós: é dele a primeira patente registrada de um design de descarga sanitária! Cummings era um matemático, mecânico e relojoeiro escocês, nascido em Edimburgo, no ano de 1733. Ele chegou a escrever livros sobre o funcionamento de relógios e sobre a influência da gravidade, mas foi com a descarga que chegou ao primeiro lugar dessa lista. Afinal, imagine viver em um mundo sem descarga... bem desagradável, não?

Fonte: Vilaverde (2012).

NUMERAIS ORDINAIS

Os numerais ordinais indicam a ordem dos seres em uma sequência. Observe no anúncio publicitário a seguir como o locutor brinca com o uso do numeral "primeiro" para se referir à ordem em que a personagem da imagem obtém o produto anunciado, no caso, o sutiã.

Fonte: Comunidade Moda (2010).

NUMERAIS MULTIPLICATIVOS

Os numerais multiplicativos são aqueles que indicam aumento proporcional através dos múltiplos da quantidade tomada por base. Observe que no exemplo a seguir a palavra dobro indica o aumento da quantidade de horas por meio do múltiplo do numeral 2.

> PARA VOCÊ SER APROVADO NO CONCURSO DEVE ESTUDAR O DOBRO DE HORAS QUE ESTÁ ESTUDANDO.

NUMERAIS FRACIONÁRIOS

São aqueles que indicam a diminuição proporcional, por meio de frações, da quantidade tomada como base. Observe a utilização do numeral 70% (setenta por cento) no anúncio a seguir e note como ele indica uma parcela dentro do todo, que é o valor global do produto, evidenciando, portanto, uma redução proporcional do valor total e, assim, configurando-se um numeral fracionário.

Fonte: Samba PMW (2013).

NUMERAIS COLETIVOS

Designam um conjunto de seres, assim como os substantivos coletivos, mas possuem como particularidade a capacidade de demarcar com exatidão a quantidade de seres que pertencem àquele conjunto. Observe no exemplo a seguir que houve a utilização do numeral coletivo "dúzia" que demarca com exatidão a quantidade de doze elementos.

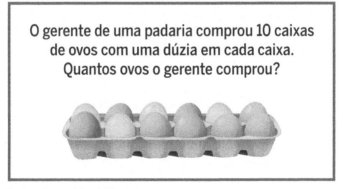

Fonte: colematt/iStock/Thinkstock.

A tabela a seguir contém os principais numerais.

▶ NUMERAIS

ALGARISMOS ARÁBICOS	ALGARISMOS ROMANOS	CARDINAIS	ORDINAIS	MULTIPLICATIVOS	FRACIONÁRIOS	COLETIVOS
1	I	UM	PRIMEIRO	- - -	- - -	- - -
2	II	DOIS	SEGUNDO	DUPLO OU DOBRO	MEIO OU METADE	DUO, DUETO
3	III	TRÊS	TERCEIRO	TRIPLO OU TRÍPLICE	TERÇO	TRIO
4	IV	QUATRO	QUARTO	QUÁDRUPLO	QUARTO	QUARTETO
5	V	CINCO	QUINTO	QUÍNTUPLO	QUINTO	QUINTETO
6	VI	SEIS	SEXTO	SÊXTUPLO	SEXTO	SEXTETO
7	VII	SETE	SÉTIMO	SÉTUPLO	SÉTIMO	- - -
8	VIII	OITO	OITAVO	ÓCTUPLO	OITAVO	- - -
9	IX	NOVE	NONO	NÔNUPLO	NONO	NOVENA
10	X	DEZ	DÉCIMO	DÉCUPLO	DÉCIMO	DEZENA, DÉCADA
11	XI	ONZE	DÉCIMO PRIMEIRO OU UNDÉCIMO	UNDÉCUPLO	ONZE AVOS	- - -
12	XII	DOZE	DÉCIMO SEGUNDO OU DUODÉCIMO	DUODÉCUPLO	DOZE AVOS	DÚZIA
13	XIII	TREZE	DÉCIMO TERCEIRO	- - -	TREZE AVOS	- - -

14	XIV	QUATORZE OU CATORZE	DÉCIMO QUARTO	--	QUATORZE AVOS	--
15	XV	QUINZE	DÉCIMO QUINTO	--	QUINZE AVOS	--
16	XVI	DEZESSEIS	DÉCIMO SEXTO	--	DEZESSEIS AVOS	--
17	XVII	DEZESSETE	DÉCIMO SÉTIMO	--	DEZESSETE AVOS	--
18	XVIII	DEZOITO	DÉCIMO OITAVO	--	DEZOITO AVOS	--
19	XIX	DEZENOVE	DÉCIMO NONO	--	DEZENOVE AVOS	--
20	XX	VINTE	VIGÉSIMO	--	VINTE AVOS	--
21	XXI	VINTE E UM	VIGÉSIMO PRIMEIRO	--	VINTE E UM AVOS	--
30	XXX	TRINTA	TRIGÉSIMO	--	TRINTA AVOS	--
40	XL	QUARENTA	QUADRAGÉSIMO	--	QUARENTA AVOS	--
50	L	CINQUENTA	QUINQUAGÉSIMO	--	CINQUENTA AVOS	--
60	LX	SESSENTA	SEXAGÉSIMO	--	SESSENTA AVOS	--
70	LXX	SETENTA	SEPTUAGÉSIMO	--	SETENTA AVOS	--
80	LXXX	OITENTA	OCTOGÉSIMO	--	OITENTA AVOS	--
90	XC	NOVENTA	NONAGÉSIMO	--	NOVENTA AVOS	--
100	C	CEM	CENTÉSIMO	CÊNTUPLO	CEM AVOS	CENTENA, CENTO

200	CC	DUZENTOS	DUCENTÉSIMO	- -	DUZENTOS AVOS	- -
300	CCC	TREZENTOS	TRICENTÉSIMO OU TRECENTÉSIMO	- -	TREZENTOS AVOS	- -
400	CD	QUATROCENTOS	QUADRINGENTÉSIMO	- -	QUATROCENTOS AVOS	- -
500	D	QUINHENTOS	QUINGENTÉSIMO	- -	QUINHENTOS AVOS	- -
600	DC	SEISCENTOS	SEISCENTÉSIMO OU SEXCENTÉSIMO	- -	SEISCENTOS AVOS	- -
700	DCC	SETECENTOS	SETINGENTÉSIMO OU SEPTINGENTÉSIMO	- -	SETECENTOS AVOS	- -
800	DCCC	OITOCENTOS	OCTINGENTÉSIMO	- -	OITOCENTOS AVOS	- -
900	CM	NOVECENTOS	NONGENTÉSIMO OU NONINGENTÉSIMO	- -	NOVECENTOS AVOS	- -
1000	M	MIL	MILÉSIMO	- -	MIL AVOS	MILHAR
10 000	X (1)	DEZ MIL	DEZ MILÉSIMOS	- -	DEZ MIL AVOS	- -
100 000	C (1)	CEM MIL	CEM MILÉSIMOS	- -	CEM MIL AVOS	- -
1 000 000	M (1)	UM MILHÃO	MILIONÉSIMO	- -	MILIONÉSIMO	- -

VERBO

Verbo é a palavra que pode variar em número, pessoa, modo, tempo e voz, indicando ações, processos, estados, mudanças de estado e manifestações de fenômenos da natureza.

FLEXÕES VERBAIS

Os verbos podem apresentar variação de número, pessoa, modo, tempo e voz.

▶ Número

As formas verbais podem variar quanto ao número, pois podem apresentar-se no singular ou no plural, a depender da relação que se estabelece entre elas e das formas nominais a que se referem. Se fazem referência a um ser apenas, estão no singular, mas se a referência for a mais de um ser, estarão no plural. Assim, enquanto TRABALHA é uma forma verbal no singular, TRABALHAM é uma forma verbal no plural.

Observe que na manchete da notícia a seguir houve a utilização tanto de verbos no plural quanto de verbos no singular.

HOMICÍDIOS DOBRAM EM SP: CAI SECRETÁRIO DA SEGURANÇA

Capital paulista teve 150 casos em outubro; ex-procurador Fernando Grella substitui Ferreira Pinto

Um mês após o agravamento da onda de violência em São Paulo, o governador Geraldo Alckmin (PSDB) demitiu o secretário da Segurança, Antonio Ferreira Pinto, e nomeou para o cargo Fernando Grella Vieira, ex-procurador-geral de Justiça.

O anúncio foi feito no mesmo dia em que dados oficiais revelam que o total de casos de homicídios dolosos (intencionais) em outubro (150) quase dobrou em relação ao mesmo mês do ano passado (78) na capital. (...)

Fonte: Blog do Miranda Sá (2012).

▶ Pessoa

Marcam-se também formalmente, nas formas verbais, as chamadas pessoas do discurso que já estudamos na seção sobre os pronomes. Assim, a forma verbal estará

- ▶ na **primeira** pessoa se fizer referência à primeira pessoa do discurso, a pessoa que fala (eu trabalho, nós trabalhamos);

- ▶ na **segunda** pessoa se fizer referência à segunda pessoa do discurso, a pessoa com quem se fala (tu trabalhas, vós trabalhais);

- ▶ na **terceira** pessoa se fizer referência à terceira pessoa do discurso, a pessoa de quem se fala, ou seja, o referente do discurso (ele/ela trabalha, eles/elas trabalham).

▶ Modo

Os modos indicam a atitude do falante com relação ao conteúdo de seus enunciados. São três os modos em que se podem manifestar as formas verbais:

- ▶ Indicativo (o conteúdo do enunciado é tomado, pelo falante, como certo).

Nos versos a seguir, retirados de um poema de cordel, observe como o locutor enuncia sobre a personagem Marina dando as informações sobre ela como certas.

> (...)
>
> Marina era uma moça
>
> muito rica e educada
>
> o pai dela era um barão
>
> duma família ilustrada
>
> mas ela amou a Alonso
>
> que não possuía nada.
>
> (...)
>
> Fonte: Silva (1883).

► Subjuntivo (o conteúdo do enunciado é tomado pelo falante como duvidoso, hipotético, incerto em termos de probabilidade de ocorrência).

Nos versos a seguir é, possível ver a utilização do modo verbal subjuntivo no título da música, bem como no primeiro e segundo versos, nos quais o eu lírico levanta a possibilidade de que o interlocutor ao qual se refere irá trabalhar apenas "se quiser". Logo estabelece a possibilidade, a dúvida, a incerteza de que a ida ao trabalho se concretize.

VOCÊ VAI SE QUISER

Você vai se quiser...

Você vai se quiser...

Não se deve obrigar a trabalhar,

Mas não vai dizer depois

Que você não tem vestido

Que o jantar não dá pra dois

Todo cargo masculino

Desde o grande ao pequenino

Hoje em dia é da mulher

E por causa dos palhaços

Ela esquece que tem braços

Nem cozinhar ela quer

Os direitos são iguais,

Mas até nos tribunais

A mulher faz o que quer

Cada um que cate o seu

Pois o homem já nasceu

Dando a costela à mulher

Fonte: Rosa (19--?).

▶ Imperativo (o conteúdo do enunciado expressa uma atitude de ordem, conselho, súplica).

Na propaganda a seguir a utilização do verbo "pedir" no modo imperativo tem como finalidade incentivar o consumo de um chocolate.

Fonte: Garoto (c2014).

▶ **Tempo**

Tomando-se como ponto de referência o momento da enunciação, os fatos expressos pelo verbo podem referir-se a um momento presente, passado (pretérito) ou, ainda, a um momento futuro.

▶ O modo indicativo apresenta os tempos seguintes:

a. Presente

Expressa um fato que ocorre no momento atual, isto é, no instante em que ocorre. No próximo poema, é possível notar a utilização de verbos no tempo presente, ressaltando a noção de que o tempo presente aponta o fato no momento em que ele se desenvolve. Observe os grifos nossos.

VIVE

Vive, dizes, no presente,

Vive **só no presente.**

Mas eu não quero o presente, quero a realidade;

Quero as cousas que existem, não o tempo que as mede.

O que é o presente?

É uma cousa relativa ao passado e ao futuro.

É uma cousa que existe em virtude de outras cousas existirem.

Eu quero **só a realidade, as cousas sem presente.**

Não quero incluir o tempo no meu esquema.

Não quero pensar nas cousas como presentes; quero pensar nelas

como cousas.

Não quero separá-las de si-próprias, tratando-as por presentes.

Eu nem por reais as devia tratar.

Eu não as devia tratar por nada.

Eu devia vê-las, apenas vê-las;

Vê-las até não poder pensar nelas,

Vê-las sem tempo, nem espaço,

Ver podendo dispensar tudo menos o que se vê.

É esta a ciência de ver, que não é nenhuma.

Fonte: Caeiro (19--?).

b. Pretérito imperfeito

O pretérito imperfeito expressa um fato ocorrido anteriormente ao momento atual, mas que não foi completamente finalizado, ou uma ação habitual e contínua que acontecia no passado.

ELE ESTAVA OUVINDO MÚSICA NO MOMENTO QUE OCORREU O TERREMOTO.
ELE FUMAVA QUANDO ERA JOVEM.

c. Pretérito perfeito

Expressa um fato que ocorreu em um momento anterior ao presente e que foi totalmente terminado.

AS CRIANÇAS JOGARAM BOLA ONTEM.

d. Pretérito mais que perfeito

Expressa um fato ocorrido antes de outro fato que já está terminado, por isso alguns gramáticos chegam a afirmar que esse tempo refere-se a um tempo passado mais que passado.

MARINA JÁ TERMINARA O DEVER QUANDO SEUS AMIGOS A CHAMARAM PARA BRINCAR.

e. Futuro do presente

Indica um fato que deve ocorrer em um tempo posterior ao momento atual.

AS CRIANÇAS FARÃO PROVA DE MATEMÁTICA AMANHÃ .

f. Futuro do pretérito

Indica um fato que poderia ter acontecido após um fato ocorrido em um tempo passado.

EU TERIA IDO AO SHOW ONTEM SE NÃO TIVESSE CHOVIDO TANTO.

▶ O modo imperativo apresenta três formas:

a. Imperativo afirmativo

Utiliza-se o modo imperativo afirmativo com a segunda pessoa do discurso, expressando uma ordem, pedido, conselho, etc. que se deseja que tal pessoa realize.

VÁ PEGAR O LIXO!

b. Imperativo negativo

Também utilizado para indicar ordem, pedido, súplica, conselho de ações ou atitudes que espera-se que o ser com quem se fala não realize.

> NÃO COMPRE MAIS NADA, MEU DINHEIRO ESTÁ NO FIM!

c. Modo subjuntivo, que apresenta três tempos:

Presente

Indica um fato incerto, uma possibilidade, uma hipótese no presente.

> TALVEZ EU CANTE.

Pretérito imperfeito

Indica a possibilidade de um fato ter acontecido ou não.

> SE EU FALASSE MAIS ALTO DE REPENTE ELE TERIA ME OUVIDO.

Futuro

Indica a possibilidade de um fato vir a acontecer.

> QUANDO EU FALAR PODEREI SER OUVIDA.

Na Parte I, enfatizou-se a importância do estudo da Língua portuguesa no ensino superior e a necessidade do estudo da gramática como forma de promover o desenvolvimento das competências textuais e gramaticais. Logo, buscou-se proporcionar uma reflexão e debate sobre algumas classes gramaticais (substantivo, artigo, adjetivo, numeral e pronome), observando suas funções e aspectos semânticos e discursivos em situações concretas de interação verbal.

Atividades da Parte I

▶ **Questão 1**

Painel do leitor (Carta do leitor)

Resgate no Chile

Assisti ao maior espetáculo da Terra numa operação de salvamento de vidas, após 69 dias de permanência no fundo de uma mina de cobre e ouro no Chile.

Um a um, os mineiros soterrados foram içados com sucesso, mostrando muita calma e saúde, sorrindo e cumprimentando seus companheiros de trabalho. Não podemos esquecer a ajuda técnica e o material que os Estados Unidos, Canadá e China ofereceram à equipe chilena de salvamento (num gesto humanitário que só enobrece esses países) e, também, os dois médicos e os dois "socorristas" que, demonstrando coragem e desprendimento, desceram na mina para ajudar no salvamento.

Fonte: Jorge (2010).

A construção do significado de uma determinada enunciação se dá pelo entrelaçamento e pela relação entre os elementos sintáticos e semânticos que a compõem. Os artigos definidos e indefinidos funcionam como elementos de referência num texto. No trecho "Não podemos esquecer a ajuda técnica e o material que os Estados Unidos, Canadá e China ofereceram à equipe chilena de salvamento..."; os artigos em destaque estabelecem a relação semântica de:

a) Particularização ou definição de um fato, pessoa ou objeto.

b) Elemento intensificador, por meio do qual é intensificada a significação do substantivo "ajuda".

c) Indicador de posse, pois indica a quem pertenciam os recursos que auxiliavam no salvamento.

d) Indefinição, pois não deixa claro quem foram os responsáveis pelo auxílio prestado.

76 **português básico**

▶ Questão 2 ENEM/2012

O senhor

Carta a uma jovem que, estando em uma roda que dava aos presentes o tratamento de você, se dirigiu ao autor chamando-o de "o senhor":

Senhora:

Aquele a quem chamaste senhor aqui está, de peito magoado e cara triste, para vos dizer que senhor ele não é, de nada, nem de ninguém.

Bem o sabeis, por certo, que a única nobreza do plebeu está em não querer esconder a sua condição, e esta nobreza tenho eu. Assim, se entre tantos senhores ricos e nobres a quem chamáveis você escolhestes a mim para tratar de senhor, é bem de ver que só poderíeis ter encontrado essa senhoria nas rugas de minha testa e na prata de meus cabelos. Senhor de muitos anos, eis aí; o território onde eu mando é no país do tempo que se foi. Essa palavra "senhor", no meio de uma frase, ergueu entre nós um muro frio e triste.

Vi o muro e calei: não é de muito, eu juro, que me acontece essa tristeza; mas também não foi a vez primeira.

Fonte: Braga (1991).

A escolha do pronome de tratamento que se queira atribuir a alguém geralmente considera as situações específicas de uso social. A violação desse princípio causou um mal-estar entre o autor da carta e o seu interlocutor. O trecho que descreve o mal-estar provocado por essa violação é:

[a] "Essa palavra, 'senhor', nomeio de uma frase, ergueu entre nós um muro frio e triste."

[b] "A única nobreza do plebeu está em não querer esconder a sua condição."

[c] "Só poderíeis ter encontrado essa senhoria nas rugas de minha testa."

[d] "O território onde mando é no país do tempo que se foi."

ATIVIDADES DA PARTE I **77**

▶ Questão 3

No texto abaixo, o efeito de humor é obtido por uma alteração na frase.

> A posição das palavras na frase (...) requer muita atenção. Veja este exemplo: "Esta é minha mãezinha". Correto. Veja agora como fica se mudarmos a posição das palavras: "Esta zinha é a minha mãe". Não fica horrível?
>
> Fonte: Castro (2011).

Indique a alternativa que explica a alteração de sentido produzida pela mudança no enunciado.

- a A mudança de posição do sufixo – zinha- produziu uma depreciação do substantivo "mãe".
- b A mudança de posição do sufixo – zinha- produziu uma supervalorização do substantivo "mãe".
- c O acréscimo do artigo definido "a", antes do pronome "minha" particularizou o substantivo "mãe" e o tornou especial dentre os demais seres da mesma classe.
- d A mudança de posição do pronome "minha', fez com que o enunciado tivesse uma conotação afetiva.

▶ Questão 4

Inimigos

O apelido de Maria Teresa, para o Norberto, era "Quequinha". Depois do casamento, sempre que queria contar para os outros algo de sua mulher, o Norberto pegava sua mão, carinhosamente, e começava:

– Pois a Quequinha...

E a Quequinha, dengosa, protestava.

– Ora, Beto!

Com o passar do tempo, o Norberto deixou de chamar a Maria Teresa de Quequinha. Se ela estivesse ao seu lado e ele quisesse se referir a ela, dizia:

– A mulher aqui...

Ou, às vezes:

– Esta mulherzinha...

Mas nunca mais Quequinha.

(O tempo, o tempo. O amor tem mil inimigos, mas o pior deles é o tempo. O tempo ataca em silêncio. O tempo usa armas químicas.)

Com o tempo, Norberto passou a tratar a mulher por "Ela".

– Ela odeia o Charles Bronson.

– Ah, não gosto mesmo.

Deve-se dizer que o Norberto, a esta altura, embora a chamasse de Ela, ainda usava um vago gesto da mão para indicá-la. Pior foi quando passou a dizer "essa aí" e a apontar com o queixo.

– Essa aí...

E apontava com o queixo, até curvando a boca com um certo desdém. (O tempo, o tempo. O tempo captura o amor e não o mata na hora. Vai tirando uma asa, depois a outra...)

Hoje, quando quer contar alguma coisa da mulher, o Norberto nem olha na sua direção. Faz um meneio de lado com a cabeça e diz:

– Aquilo...

Fonte: Verissimo (1996).

De que maneira o uso dos pronomes contribui para a construção do efeito de humor que se pode observar nesse texto?

a. A alteração do uso dos pronomes ao longo do texto provoca a pressuposição da criação de um sentimento de desdém em relação à segunda pessoa do discurso.

b. A alteração do uso dos pronomes promove um valor semântico de formalidade crescente ao longo do texto.

c. A alteração do uso dos pronomes ao longo do texto provoca a pressuposição de um sentimento de descaso crescente em relação à terceira pessoa do discurso.

d. A alteração do uso dos pronomes promove no texto um valor semântico de informalidade que deve permear os discursos coloquiais íntimos.

ATIVIDADES DA PARTE I 79

▶ Questão 5

Retrato

Eu não tinha este rosto de hoje,

assim calmo, assim triste, assim magro,

nem estes olhos tão vazios,

nem o lábio amargo.

Eu não tinha estas mãos sem força,

tão paradas e frias e mortas;

eu não tinha este coração

que nem se mostra.

Eu não dei por esta mudança,

tão simples, tão certa, tão fácil:

- Em que espelho ficou perdida a minha face?

Fonte: Meireles (2001).

A respeito dos termos do segundo verso "calmo, magro e triste", podemos concluir que:

ⓐ Exercem a função de adjetivo e têm como base o mesmo referencial.

ⓑ Estão fazendo referência a olhos, rosto e lábio.

ⓒ Têm como base o mesmo referente, mas possuem funções diferentes no contexto.

ⓓ Têm como base referentes distintos, no entanto, mesma função no contexto.

▶ Questão 6 (ENEM/2010)

O presidente Lula assinou, em 29 de setembro de 2008, decreto sobre o Novo Acordo Ortográfico da língua portuguesa. As novas regras afetam principalmente o uso dos acentos agudo e circunflexo, do trema e do hífen. Longe de um consenso, muita polêmica tem-se levantado em Macau e nos oito países de língua portuguesa: Brasil, Angola, Cabo Verde, Guiné- Bissau, Moçambique, Portugal, São Tomé e Príncipe e Timor Leste.

Comparando as diferentes opiniões sobre a validade de se estabelecer o acordo para fins de unificação, o argumento que, em grande parte, foge a essa discussão é:

[a] "A Academia Brasileira de Letras encara essa aprovação como um marco histórico. Inscreve-se finalmente, a língua portuguesa no rol daquelas que conseguiram beneficiar-se há mais tempo da unificação de seus sistemas de grafar, numa demonstração de consciência da política e de maturidade na defesa, difusão e ilustração da Lusofonia."

Fonte: Sandroni (2008).

[b] "Acordo ortográfico? Não, obrigado. Sou contra. Visceralmente contra. Filosoficamente contra. Linguisticamente contra. Eu gosto do 'c' do 'actor' e o 'p' de "ceptismo". Representam um patrimônio, uma pegada etimológica que faz parte de uma identidade cultural. A pluralidade é um valor que deve ser estudado e respeitado. Aceitar essa aberração significa apenas que a irmandade entre Portugal e o Brasil continua a ser a irmandade do atraso."

Fonte: Adaptado de Coutinho (2008).

[c] "Há um conjunto de necessidades políticas e econômicas com vista à internacionalização do português como identidade e marca econômica". (...) É possível que o (Fernando) Pessoa, como produto de exportação, valha mais do que a PT (Portugal Telecom). Tem um valor econômico único."

Fonte: Ribeiro (2008).

[d] "É um acto cívico batermo-nos contra o Acordo Ortográfico. O acordo não leva a unidade nenhuma. Não se pode aplicar na ordem interna um instrumento que não está aceito internacionalmente e nem assegura a defesa da língua como patrimônio, como prevê a Constituição nos artigos 9º e 68º."

Fonte: Moura (2008).

▶ Questão 7

Para traduzir o futuro

Considerado o mais famoso dos textos já escritos sobre o Brasil, *Brasilien, ein Land der Zukunft,* do austríaco Stefan Zweig (1881- 1942), tornou-se uma espécie de eterna profecia: somos o país do futuro...desde 1941, quando a obra foi publicada.

Mas façamos uma observação importante. O livro, escrito em alemão, possuía um artigo indefinido no seu título – *ein* – deixando claro que não se tratava do único país do futuro que existia. Stefan Zweig nos via como <u>um</u> país do futuro, entre outros.

O problema é que, na primeira edição brasileira, o título surgiu sem o artigo: *Brasil, país do futuro.* Aliás, o título em francês também omitia a pequena, mas decisiva, partícula: *Le Brésil, Terre D'Avenir.* E, igualmente, o primeiro título em espanhol: *Brasil: País del Futuro.*

Fonte: Adaptado de Perissé (2012).

A tradução equivocada do título da obra de Stefan Zweig, que omitiu o artigo indefinido, sugeriu uma alteração semântica na visão do autor referente ao Brasil. Essa alteração reside na:

- a. Identificação do Brasil como um país que também teria um bom futuro, assim como tantos outros.
- b. Identificação do Brasil como um país que se destacaria entre os demais, em dado futuro.
- c. Identificação do Brasil como um país que se destinava a ser um dos mais importantes do mundo, no futuro.
- d. Identificação do Brasil como um país pobre e subdesenvolvido, mas que no futuro, assim como tantos outros, iria se desenvolver.

► Questão 8

Conceito em disputa

A palavra "jogabilidade" funciona bem na prática dos jogos, mas deixa de lado o viés imersivo que é característica do gênero.

– Por Edgard Murano

Nos chamados *games studies* – disciplina que estuda os jogos eletrônicos, seu design, seu papel na sociedade, entre outros aspectos – a "jogabilidade" é um conceito em disputa. Em outras palavras, não há uma unanimidade sobre o sentido desse neologismo, que é tão novo quanto a própria indústria dos videogames. Trata-se de uma tradução do inglês *gameplay* ou *playability,* sendo utilizada pelos jogadores brasileiros para designar o quão "jogável" é um jogo; ou, ainda, se ele responde bem à interação dos jogadores, proporcionando-lhes uma experiência fluida e divertida, sem desestimulá-los com um alto grau de dificuldade nem tampouco aborrecê-los com facilidades em excesso. (...)

Fonte: Adaptado da Revista Língua Portuguesa (2011, p. 27).

Pronomes são substitutos versáteis. Evitam que se tornem enfadonhos escritos e falas. Um único pronome refere-se a infinitos entes, pessoas, coisas, sensações e conceitos. No trecho; "Em outras palavras, não há uma unanimidade sobre o sentido desse neologismo, que é tão novo quanto a própria indústria dos videogames", o pronome desse, estabelece dentro do contexto

a) Uma remissão textual por meio da organização do discurso, fazendo alusão a pessoas ou coisas que participam dele.

b) Uma argumentação textual, criando assim relações de causa e consequência no contexto.

c) Uma conclusão da oração na qual ele se encontra inserido.

d) Uma substituição textual por meio da supressão do termo "jogos", o que provoca a retomada de uma expressão anterior.

▶ **Questão 9**

Fonte: Revista Língua Portuguesa (2012, p. 67).

Assinale a alternativa que justifica, segundo a reforma ortográfica, o uso do hífen na palavra "pré-sal".

a) Palavras compostas iniciadas com o prefixo "pré" devem ser sempre ligadas por hífen.

b) Palavras compostas em que o prefixo termina em vogal devem ser ligadas por hífen.

c) Palavras compostas em que o segundo elemento é iniciado por uma consoante devem ser ligados por hífen.

d) Palavras compostas em que o segundo elemento é um substantivo devem ser ligadas por hífen.

84 **português básico**

▶ Questão 10

Classificação neurótica

Nos anos 50 e 60, a palavra "neurótico" tinha um alcance maior do que hoje pretendem especialistas em saúde mental. O termo, que se fixou no imaginário com uma acepção às vezes distante da concebida por Freud, adquiriu com o tempo um sentido mais coloquial, menos clínico. Eternizado por Woody Allen no cinema, com seus personagens neuróticos e charmosos, o termo está ameaçado pela psiquiatria, que não vê mais utilidade na palavra, aos poucos substituída por designações técnicas e menos "românticas", segundo Benedict Carey, do *The New York Times*. No *Google Insights*, serviço que mede a popularidade dos termos buscados na internet, "neurótico" mostra uma queda acentuada desde 2008 (para menos da metade do número de ocorrências). Mas apesar do desmembramento do termo em designações mais específicas, no que depender da cultura, os jargões psiquiátricos não apagarão do vocabulário uma palavra que resume tão bem o sentimento de inadequação do homem moderno.

Fonte: Revista Língua Portuguesa (2012, p. 8).

Observe a palavra destacada no trecho; "Eternizado por Wood Allen no cinema, com seus personagens neuróticos e charmosos...". Segundo a gramática normativa, tal palavra exerce a função de:

a) Artigo, visto que particulariza um substantivo.

b) Adjetivo, visto que dá características a um substantivo.

c) Pronome, visto que substitui um substantivo.

d) Verbo, pois indica a ação feita pelo sujeito.

PARTE II

A gramática e o estudo das relações entre as palavras

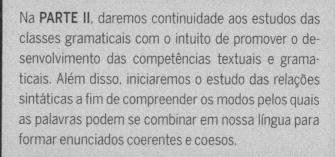

Na **PARTE II**, daremos continuidade aos estudos das classes gramaticais com o intuito de promover o desenvolvimento das competências textuais e gramaticais. Além disso, iniciaremos o estudo das relações sintáticas a fim de compreender os modos pelos quais as palavras podem se combinar em nossa língua para formar enunciados coerentes e coesos.

5

Classes gramaticais III

5

neste capítulo você estudará:

>> INTERJEIÇÃO.

>> A diferença entre **PREPOSIÇÃO** e **CONJUNÇÃO**.

>> PREPOSIÇÃO.

>> **CONJUNÇÕES**: coordenativas e subordinativas.

>> **ADVÉRBIOS** e **LOCUÇÕES ADVERBIAIS**: classificação.

INTERJEIÇÃO

As interjeições são expressões linguísticas de utilização predominantemente coloquial com forte valor conotativo, pois elas exprimem sensações e estados emocionais.

Vale ainda ressaltar sobre as interjeições que elas recebem influência direta do contexto em que ocorrem. Assim, apesar de serem classificadas de acordo com o sentimento que denotam, uma mesma interjeição pode possuir valores semânticos diferentes de acordo com o contexto de uso.

Observe nos exemplos a seguir como a interjeição "Ai" pode ter diferentes sentidos:

- Ai, ai, ai! Mãe, me ajuda que eu caí do balanço! (denota dor)
- Ai, ai! Quem me dera poder estar contigo! (denota saudade)
- Ai! Um rato! (denota medo)

As interjeições costumam ser classificadas de acordo com o sentimento que traduzem.

Vejamos uma possível lista de interjeições e locuções interjetivas, de acordo com a circunstância emotiva na qual o falante se encontra:

- **Advertência:** cuidado! calma! sentido! atenção! devagar! olha lá!
- **Afugentamento:** fora! rua! xô! passa!
- **Animação:** vamos! força! firme! coragem! avante!
- **Alegria:** ah! oba! oh!
- **Alívio:** ufa! ah!
- **Apelo, chamamento:** olá! alô! socorro! psiu! ei! ou!
- **Aplauso:** bis! bravo! mais um! boa!
- **Concordância:** claro! sim! tá! tá bom!
- **Desaprovação:** credo! francamente! sinceramente! puxa!
- **Desejo:** tomara! se Deus quiser! com fé em Deus!
- **Dor, lástima:** ai! ui! que pena! ai de mim! ah! oh!

- **Dúvida:** como assim? o quê? epa! qual o quê? peraí! opa!
- **Espanto:** puxa! uai! ué! mesmo? oh!
- **Saudação:** olá! alô! salve! adeus!
- **Silêncio:** silêncio! psiu! quieto!
- **Surpresa, admiração:** caramba! cruz! putz! que legal! nossa! vixe! opa!

Fonte: Toonstyle.com/iStock/Thinkstock.

PREPOSIÇÃO E CONJUNÇÃO

As preposições e conjunções são classes de palavras invariáveis e têm como função estabelecer conexão entre os termos das orações ou entre as próprias orações, e, por isso, são conhecidos como conectivos que garantem coesão dos enunciados.

PREPOSIÇÕES

As preposições são palavras que estabelecem a ligação entre os elementos de uma oração. A seguir, você verá uma lista com as principais preposições da língua portuguesa, também chamadas de preposições essenciais:

A, ANTE, ATÉ, APÓS, COM, CONTRA, DE, DESDE, EM, ENTRE, PARA, PER, PERANTE, POR, SEM, SOB, SOBRE, TRÁS.

Além de exercerem a função sintática de conexão no interior das orações, as preposições também fornecem uma carga semântica muito importante para a construção de sentido dos enunciados. Dessa forma, é possível afirmar que as preposições indicam noções de sentido que auxiliam na construção do significado de um enunciado.

Veja a seguir exemplos de algumas preposições e o valor semântico que elas transmitem em dado contexto:

▶ A

LUGAR	FOMOS A BELO HORIZONTE.
TEMPO	ELE VAI À (PREPOSIÇÃO A + ARTIGO A) NOITE.
MODO	ESTA JANELA DEVE SER LAVADA A SECO.

▶ EM

LUGAR	PASSAMOS AS FÉRIAS EM NOVA IORQUE.
TEMPO	OS CONVIDADOS DEVERÃO CHEGAR EM DUAS HORAS.
MODO	TODOS DEVEM VIVER EM PAZ.

▶ ATÉ

LUGAR	POR QUE NÃO VAMOS ATÉ A PRAIA?
TEMPO	OS CONVIDADOS FICARAM ATÉ TARDE NA FESTA.

▶ COM

COMPANHIA	GOSTO DE ESTAR COM VOCÊ!
MODO	ATUALMENTE ELE ANDA COM MUITA DIFICULDADE.

▶ DE

POSSE	O VESTIDO DE SUA MÃE É MARAVILHOSO!
QUALIDADE, ESPECIFICAÇÃO	OS ENFEITES ERAM TODOS DE PAPEL PRATEADO.

▶ PARA

FINALIDADE	COMPREI VÁRIAS ROUPAS DE INVERNO PARA A VIAGEM.
LUGAR	VOU PARA A EUROPA EM DEZEMBRO.

▶ POR

LUGAR	PASSAMOS POR LUGARES MARAVILHOSOS.
TEMPO	VOU ESTUDAR AINDA POR UMAS DUAS HORAS ANTES DE SAIR.
FINALIDADE	OS FUNCIONÁRIOS DA UNIVERSIDADE ESTÃO EM GREVE POR SALÁRIOS MELHORES.

▶ SOBRE

ASSUNTO	AQUELE SEU AMIGO É CAPAZ DE OPINAR SOBRE QUESTÕES COMPLEXAS!
POSIÇÃO	O VELHO SENHOR ENTROU NA SALA E COLOCOU O EMBRULHO SOBRE A MESA.

CONJUNÇÕES

As conjunções, assim como as preposições, são palavras invariáveis e possuem a função de conectivos, porém a ligação por elas efetuada ocorre entre orações, sendo consideradas, portanto, conectores interfrásicos. Além disso, as conjunções, assim como as preposições, também são responsáveis pela construção do sentido de um enunciado.

Na propaganda a seguir é possível observar a utilização da conjunção "mas" estabelecendo a ligação – conexão – entre as orações e construindo uma relação lógico--semântica de oposição em ambos os enunciados em que ela foi utilizada.

Fonte: ProProfs (20--?).

As conjunções são classificadas em conjunções coordenativas e conjunções subordinativas.

▶ **Coordenativas**: são as que ligam termos da oração ou orações independentes.

Podem ser:

ADITIVAS (EXPRIMEM RELAÇÃO DE SOMA, ADIÇÃO):
E, NEM, MAS TAMBÉM, MAS AINDA
EX.: ELA TEM O MAIOR COLÉGIO E O MAIOR CURSINHO DO BRASIL.

ADVERSATIVAS (EXPRIMEM RELAÇÃO DE CONTRASTE, OPOSIÇÃO):
MAS, CONTUDO, PORÉM, TODAVIA, ENTRETANTO
EX.: A NOITE ESTAVA CHUVOSA, MAS A MOÇA FOI À FESTA.

ALTERNATIVAS (EXPRIMEM RELAÇÃO DE ALTERNÂNCIA OU EXCLUSÃO):
OU, OU... OU, JÁ... JÁ, QUER... QUER, ORA... ORA
EX.: OU TUDO SE RESOLVE, OU NÃO NOS CASAREMOS MAIS.

CONCLUSIVAS (EXPRIMEM RELAÇÃO DE CONCLUSÃO):

LOGO, PORTANTO, POR ISSO, POR CONSEGUINTE, POIS (POSPOSTO AO VERBO)

EX.: O PROFESSOR NÃO COMPARECEU À REUNIÃO, PORTANTO PERDEU A CLASSE.

EXPLICATIVAS (EXPRIMEM RELAÇÃO DE EXPLICAÇÃO):

POIS (ANTEPOSTO AO VERBO), QUE, PORQUANTO, PORQUE

EX.: SEJA RÁPIDO, PORQUE NÃO TEMOS MUITO TEMPO.

▶ **Subordinativas:** são as conjunções que ligam orações sintaticamente dependentes, uma oração principal a uma oração subordinada. Podem ser:

INTEGRANTES (INTEGRAM À ORAÇÃO PRINCIPAL AS ORAÇÕES SUBORDINADAS SUBSTANTIVAS QUE FUNCIONAM COMO ALGUM DE SEUS ELEMENTOS):

QUE, SE

EX.: ESPERO QUE SE RESTABELEÇA RÁPIDO.

CAUSAIS (EXPRIMEM UMA RELAÇÃO DE CAUSA; PROVOCAM UM DETERMINADO FATO). AS PRINCIPAIS CONJUNÇÕES SÃO:

PORQUE, COMO, POIS QUE, JÁ QUE, UMA VEZ QUE, VISTO QUE. OBSERVAÇÃO: QUANDO A ORAÇÃO SUBORDINADA VIER ANTES DA PRINCIPAL.

EX.: A ÁRVORE CAIU PORQUE O VENTO FOI MUITO FORTE.

COMPARATIVAS (EXPRIMEM UMA RELAÇÃO DE COMPARAÇÃO; COMPARAM UM FATO MENCIONADO NA ORAÇÃO PRINCIPAL). AS PRINCIPAIS CONJUNÇÕES SÃO:

COMO, TÃO... COMO (QUANTO), MENOR (DO) QUE, ETC.

EX.: O BRASIL É TÃO RICO QUANTO OS OUTROS PAÍSES.

CONCESSIVAS (EXPRIMEM UMA RELAÇÃO DE CONCESSÃO; ADMITEM UM FATO CONTRÁRIO À ORAÇÃO PRINCIPAL). AS PRINCIPAIS CONJUNÇÕES SÃO:

EMBORA, CONQUANTO, AINDA QUE, AINDA QUANDO, SE BEM QUE, ETC.

EX.: NÃO A ACEITOU COMO MULHER, SE BEM QUE A AMASSE.

CONDICIONAIS (EXPRIMEM RELAÇÃO DE CONDIÇÃO OU HIPÓTESES NECESSÁRIAS PARA QUE SE REALIZE ALGO MENCIONADO NA ORAÇÃO PRINCIPAL). AS PRINCIPAIS CONJUNÇÕES SÃO:

SE, CASO, CONTANTO QUE, EXCETO SE, A MENOS QUE, ETC.

EX.: IREMOS AO CAMPO, SE A SALA COOPERAR.

CONFORMATIVAS (EXPRIMEM UMA RELAÇÃO DE CONFORMIDADE CUJOS FATOS ESTÃO DE ACORDO COM O QUE FOI COLOCADO NA ORAÇÃO PRINCIPAL). AS PRINCIPAIS CONJUNÇÕES SÃO:

CONFORME, COMO, CONSOANTE E SEGUNDO.

EX.: A VIAGEM FOI FEITA CONFORME COMBINAMOS.

CONSECUTIVAS (EXPRIMEM UMA RELAÇÃO DE CONSEQUÊNCIA DAQUILO QUE FOI DECLARADO NA ORAÇÃO PRINCIPAL). AS PRINCIPAIS CONJUNÇÕES SÃO:

TANTO... QUE, TÃO... QUE, QUE, DE FORMA QUE, ETC.

EX.: A FALTA DE HONESTIDADE FOI TÃO GRANDE QUE AS ESCOLAS PÚBLICAS FICARAM SEM VERBAS.

FINAIS (EXPRIMEM UMA RELAÇÃO DE FINALIDADE DO QUE SE DECLAROU NA ORAÇÃO PRINCIPAL). AS PRINCIPAIS CONJUNÇÕES SÃO:

A FIM DE QUE, PARA QUE, PORQUE

EX.: ELA FEZ TUDO PARA QUE EU FOSSE DESPEDIDO.

PROPORCIONAIS (EXPRIMEM UMA RELAÇÃO DE PROPORCIONALIDADE; ESTABELECEM RELAÇÕES DE PROPORÇÃO DE ACORDO COM O QUE ACONTECE NA ORAÇÃO PRINCIPAL). AS PRINCIPAIS CONJUNÇÕES SÃO:

À PROPORÇÃO QUE, À MEDIDA QUE, AO PASSO QUE, ENQUANTO, QUANTO MAIS... MAIS, ETC.

EX.: QUANTO MAIS ANDAVA, MAIS EU ME DISTANCIAVA DO ACAMPAMENTO.

TEMPORAIS (EXPRIMEM UMA RELAÇÃO OU CIRCUNSTÂNCIA DE TEMPO). AS PRINCIPAIS CONJUNÇÕES SÃO:

QUANDO, ENQUANTO, ASSIM QUE, LOGO QUE, DESDE QUE, ETC.

EX.: MINHA VIDA PERDEU ALGO DESDE QUE MEU PAI SE FOI.

ADVÉRBIO

Os advérbios têm como função principal promover uma caracterização mais precisa do processo verbal. Nesse sentido, indicam as circunstâncias em que o processo verbal se realiza. Veja:

MEUS LIVROS ESTÃO AQUI (CIRCUNSTÂNCIA DE LUGAR).
EDUARDO TALVEZ PARE DE COMER PIPOCAS (CIRCUNSTÂNCIA DE DÚVIDA).

Os advérbios, embora tenham como principal função a caracterização dos processos verbais, são empregados também em relação a adjetivos e a outros advérbios, como intensificadores do sentido expresso por essas palavras.

Observe na propaganda a seguir como o advérbio "bem" intensifica o adjetivo "gelada".

Fonte: Siqueira (2013).

CLASSIFICAÇÃO DOS ADVÉRBIOS

A classificação dos advérbios e locuções adverbiais obedece a um critério de ordem semântica, pois eles são classificados de acordo com a circunstância ou a ideia que exprimem em relação aos verbos, adjetivos ou outros advérbios.

▶ ADVÉRBIOS DE LUGAR

AQUI	ALÉM	AÍ	ACOLÁ	ADENTRO
ANTES	LÁ	ABAIXO	ATRÁS	AFORA
DENTRO	DETRÁS	AONDE	ONDE	ALHURES
ALI	AQUÉM	LONGE	PERTO	EMBAIXO
ADIANTE	CÁ	DEBAIXO	DEFRONTE	EXTERNAMENTE
FORA	ACIMA	ALGURES	NENHURES	A DISTÂNCIA
À DIREITA	EM CIMA	DE PERTO	DE LONGE	À DISTÂNCIA DE
À ESQUERDA	AO LADO	EM VOLTA		

► ADVÉRBIOS DE TEMPO

HOJE	ANTIGAMENTE	AFINAL	DE VEZ EM QUANDO
LOGO	ANTES	AMIÚDE	DE QUANDO EM QUANDO
PRIMEIRO	DORAVANTE	BREVE	A QUALQUER MOMENTO
ONTEM	NUNCA	ÀS VEZES	DE TEMPOS EM TEMPOS
TARDE	ENTÃO	À TARDE	HOJE EM DIA
OUTRORA	ORA	DE REPENTE	SUCESSIVAMENTE
AMANHÃ	JAMAIS	JÁ	CONSTANTEMENTE
CEDO	AGORA	ENFIM	ENTREMENTES
DANTES	SEMPRE	DE MANHÃ	IMEDIATAMENTE
DEPOIS	AINDA	À NOITE	PRIMEIRAMENTE
		EM BREVE	PROVISORIAMENTE

► ADVÉRBIOS DE MODO

BEM	DEBALDE	FRENTE A FRENTE
MAL	DEVAGAR	CALMAMENTE
ASSIM	ÀS PRESSAS	TRISTEMENTE
ADREDE	ÀS CLARAS	PROPOSITADAMENTE
MELHOR	À TOA	PACIENTEMENTE
PIOR	À VONTADE	AMOROSAMENTE
DEPRESSA	ÀS ESCONDIDAS	DOCEMENTE
ACINTE	AOS POUCOS	ESCANDALOSAMENTE
LADO A LADO	DESSE JEITO	BONDOSAMENTE
A PÉ	DESSE MODO	GENEROSAMENTE*
DE COR	DESSA MANEIRA	
EM VÃO	EM GERAL	

*E a maior parte dos que terminam em "-mente".

► ADVÉRBIOS DE AFIRMAÇÃO

SIM	DECERTO
CERTAMENTE	EFETIVAMENTE
REALMENTE	CERTO
DEVERAS	DECIDIDAMENTE
INDUBITAVELMENTE	

▶ ADVÉRBIOS DE NEGAÇÃO

NÃO	DE MODO ALGUM
NEM	DE FORMA NENHUMA
NUNCA	TAMPOUCO
JAMAIS	DE JEITO NENHUM

▶ ADVÉRBIOS DE DÚVIDA

ACASO	PROVAVELMENTE
PORVENTURA	TALVEZ
POR CERTO	CASUALMENTE
QUEM SABE	POSSIVELMENTE
QUIÇÁ	

▶ ADVÉRBIOS DE INTENSIDADE

MUITO	DEMASIADO	DE TODO
DEMAIS	QUANTO	DE MUITO
POUCO	QUÃO	POR COMPLETO
TÃO	TANTO	EXTREMAMENTE
MENOS	ASSAZ	INTENSAMENTE
EM EXCESSO	QUE (EQUIVALE A QUÃO)	GRANDEMENTE
BASTANTE	TUDO	BEM*
MAIS	NADA	
MENOS	QUASE	
TODO		

*Quando aplicado a propriedades graduáveis.

▶ ADVÉRBIOS DE EXCLUSÃO

APENAS *	SOMENTE
EXCLUSIVAMENTE	SIMPLESMENTE
SALVO	SÓ
SENÃO	UNICAMENTE

*Por exemplo: Brando, o vento apenas move a copa das árvores.

▶ ADVÉRBIOS DE INCLUSÃO

AINDA	TAMBÉM*
ATÉ	INCLUSIVAMENTE
MESMO	

*Por exemplo: O indivíduo também amadurece durante a adolescência.

▶ ADVÉRBIOS DE ORDEM

DEPOIS	ULTIMAMENTE
PRIMEIRAMENTE*	

*Por exemplo: Primeiramente, eu gostaria de agradecer aos meus amigos por comparecerem à reunião.

6

Termos essenciais da oração

>6

● neste capítulo você estudará:

>> As características da unidade mínima do discurso: a **frase**.

>> A obrigatoriedade de um predicado na **oração**.

>> As possibilidades de **sujeito**.

>> **Predicado**: verbal, nominal e verbo-nominal.

>> Frase, oração, **período**, sujeito e predicado.

FRASE

É um enunciado linguístico que, independentemente de sua estrutura ou extensão, traduz um sentido completo em uma situação de comunicação. Caracteriza-se por apresentar uma entonação que delimita o seu início e fim. Constitui assim, a unidade mínima no nível do discurso.

São exemplos de frases:

SOCORRO!
QUE HORROR!
QUANTOS PROBLEMAS!
EU GANHEI UMA CASA NOVA.

ORAÇÃO

É um enunciado linguístico que apresenta uma estrutura caracterizada sintaticamente pela presença obrigatória de um predicado, função preenchida por um elemento da classe morfológica dos verbos.

São exemplos de orações:

CORRAM!
NÓS COMPRAMOS LIVROS MUITO INTERESSANTES NA LIVRARIA DO SHOPPING.
CHOVE MUITO EM MANAUS.

Período é um conjunto frasal que pode abarcar uma ou mais orações.

São exemplos de períodos:

OS PROBLEMAS SÃO MUITO DIFÍCEIS! (1 VERBO = 1 ORAÇÃO = PERÍODO SIMPLES.)
QUEREMOS QUE EDUARDO VENHA AMANHÃ E TRAGA OS FILMES QUE PROMETEU. (4 VERBOS = 4 ORAÇÕES = PERÍODO COMPOSTO.)

SUJEITO

O termo conhecido como sujeito de uma oração é aquele com o qual concorda em número e pessoa o verbo da oração. Pode-se observar esse fato nos exemplos seguintes, em que o sujeito aparece em itálico:

EDUARDO GOSTA DE COMER PIPOCAS AMANTEIGADAS.
ONTEM À NOITE, *CAMILA* FOI AO CLUBE DE HIPISMO ASSISTIR À APRESENTAÇÃO DE SEU NAMORADO.

SUJEITO SIMPLES

O sujeito é simples quando apresenta um só núcleo. Observe:

EDUARDO FOI AO CINEMA. (SUJEITO SIMPLES COM UM ÚNICO NÚCLEO: EDUARDO.)

SUJEITO COMPOSTO

O sujeito é composto quando apresenta mais de um núcleo. Observe:

EDUARDO E MÔNICA FORAM AO CINEMA. (SUJEITO COMPOSTO COM DOIS NÚCLEOS: EDUARDO E MÔNICA.)

SUJEITO OCULTO (ELÍPTICO OU DESINENCIAL)

O sujeito elíptico ocorre com muita frequência na língua portuguesa, exatamente porque eles podem ser inferidos pelo contexto ou pela terminação verbal. É o caso, por exemplo, de:

GOSTO MUITO DE VOCÊ! (SUJEITO ELÍPTICO: EU.)

SUJEITO INDETERMINADO

São indeterminados os sujeitos que não podem ser identificados a partir da forma verbal ou do contexto.

A forma mais comum de se marcar a indeterminação do sujeito é levar o verbo para a terceira pessoa do plural. Veja:

QUEREM ACABAR COM ESTE PAÍS!

Contudo, nem todo verbo na terceira pessoa do plural indica um sujeito sintaticamente indeterminado. Observe o exemplo:

Os alunos chegaram agitadíssimos da visita ao Museu de Arte Moderna. Disseram que gostariam de fazer esse tipo de passeio com mais frequência. (É evidente, nesse caso, que o sujeito de *disseram* e *gostariam* é *"os alunos"*, já explicitado anteriormente.)

Existe ainda outra maneira de marcar formalmente a indeterminação do sujeito nas orações. É o caso que se usa o pronome SE como índice de indeterminação do sujeito. Veja:

VIVE-SE SEMPRE CORRENDO NAS GRANDES CIDADES.
COME-SE MUITO BEM NA CIDADE DE SÃO PAULO.

Fonte: Fanatic Studio/Thinkstock.

ORAÇÃO SEM SUJEITO (SUJEITO INEXISTENTE)

Os verbos que constituem o predicado dessas orações são considerados impessoais. Logo, não há um sujeito capaz de realizar a ação expressa pelo verbo. Vejamos a seguir os casos em que ocorrem sujeitos inexistentes:

Orações com verbos que indicam fenômenos da natureza:

CHOVE MUITO DURANTE O VERÃO.
ANOITECE MAIS CEDO NESSA REGIÃO DO PAÍS.

Orações com o verbo HAVER usado no sentido de EXISTIR:

HÁ MUITOS POLÍTICOS QUE SÓ PENSAM EM ENRIQUECER.
HOUVE SÉRIOS CASOS DE DENGUE HEMORRÁGICA EM ALGUNS ESTADOS, RECENTEMENTE.

Orações com os verbos SER, ESTAR, HAVER, FAZER indicando expressões temporais:

É AINDA MUITO CEDO.
SÃO TRÊS HORAS DA TARDE.
FAZ UM ANO QUE NÃO VEJO MEUS PAIS.
HÁ SÉCULOS QUE ESPERAMOS UMA SOLUÇÃO PARA O PROBLEMA.

PREDICADO

O predicado é o termo da oração que faz uma predicação, ou seja, uma afirmação sobre o sujeito. No caso das orações sem sujeito, a predicação é feita genericamente.

A CRIANÇA DORME.
AS MENINAS DERAM AS FLORES PARA AS MÃES.

PREDICADO VERBAL

É o predicado que tem como núcleo uma forma verbal, indicando uma ação feita pelo sujeito. Veja os exemplos:

EDUARDO E MÔNICA VÃO SEMPRE AO CINEMA. (PREDICADO VERBAL)

Fonte: Artisticco LLC/iStock/Thinkstock.

PREDICADO NOMINAL

É o predicado que tem como núcleo uma forma nominal e indica um modo/estado do sujeito. Os verbos que ocorrem nos predicados nominais são sempre de ligação.

O ESPETÁCULO FOI EMOCIONANTE. (PREDICADO NOMINAL)
MÔNICA É MUITO SIMPÁTICA. (PREDICADO NOMINAL)

PREDICADO VERBO-NOMINAL

É o predicado que tem dois núcleos, um constituído por uma forma verbal e outro constituído por uma forma nominal, haverá no predicado, portanto, uma ação e um modo/estado.

ELES O JULGARAM RESPONSÁVEL. (PREDICADO VERBO- NOMINAL)
OS HOMENS CHEGARAM CANSADOS. (PREDICADO VERBO- NOMINAL)
NÓS CONSIDERAMOS MÔNICA SIMPÁTICA. (PREDICADO VERBO – NOMINAL)

Predicação verbal e complementos verbais

7

neste capítulo você estudará:

>> **VERBO INTRANSITIVO**.

>> **VERBO TRANSITIVO**: direto e indireto.

>> **VERBO DE LIGAÇÃO**.

Quanto à predicação os verbos podem se classificar em transitivos, intransitivos e verbos de ligação.

VERBOS INTRANSITIVOS

São aqueles que apresentam, dentro de determinado contexto, um sentido completo, não necessitando assim de complemento (objeto direto e objeto indireto).

Ex.: O bebê de Joana acabou de nascer.

No exemplo acima é possível notar que o verbo "nascer" não precisa de complemento para transmitir a ação expressa pelo verbo. Logo, dizemos que "nascer" é um verbo intransitivo.

VERBOS TRANSITIVOS

Os verbos transitivos são aqueles que necessitam de complemento para garantir-lhes um sentido completo e eficiente (objeto direto ou indireto).

VERBO TRANSITIVO DIRETO

Verbo cuja ligação com seu complemento – objeto direto- ocorre sem o auxílio de uma preposição. Veja:

Fonte: Veredas da Língua (2012).

Na propaganda anterior note que o verbo "esquecer" precisa do complemento "a minha Caloi" para que possua um sentido completo e eficiente dentro do contexto, dessa forma é que podemos dizer que ele é um verbo transitivo. Além disso, é preciso observar que a transição entre o verbo e seu complemento é direta, ou seja, o verbo se liga diretamente ao complemento sem o auxílio de preposição. Logo, o verbo "esquecer" nesse contexto é um verbo transitivo direto (VTD). Assim, a expressão "a minha Caloi" exerce a função de objeto direto (OD), pois complementa o sentido do verbo transitivo direto.

VERBO TRANSITIVO INDIRETO

Verbo cuja ligação com seu complemento (objeto indireto) ocorre com o auxílio de uma preposição. Note:

Fonte: Veja (nov., 2014).

No exemplo acima é possível notar que o verbo "preciso", apresentado na capa da revista VEJA, liga-se ao seu complemento "ajuda" (objeto indireto = OI) por intermédio da preposição "de", configurando-se, portanto, como um verbo transitivo indireto (VTI).

VERBO DE LIGAÇÃO

Os verbos de ligação são aqueles que ligam o sujeito a uma palavra ou expressão que o caracterize, indique seu estado ou modo, ou seja, liga o sujeito ao seu predicativo. Observe o exemplo a seguir:

> CERTO DIA A SOGRA FALA PARA O GENRO:
> – NOSSA! COMO ESTOU FEIA, ACABADA, BEM QUE EU PODERIA RECEBER UM ELOGIO.
> O GENRO SEM NOÇÃO LOGO RESPONDE:
> – UM ELOGIO? PODE DEIXAR QUE EU VOU TE DAR. VOCÊ ENXERGA MUITO BEM.

Nesse exemplo nota-se a presença do verbo "estou" que estabelece uma ligação entre o sujeito oculto "eu" e suas características/predicativo "feia, acabada". Logo, o verbo "estou" exerce no texto a função de verbo de ligação.

Comumente exercem essa função os seguintes verbos: **ser, estar, permanecer, parecer, ficar**, entre outros. Mas atenção! Esteja atento ao valor semântico do verbo no contexto de uso.

8

Vozes verbais, aposto e vocativo

neste capítulo você estudará:

>> As relações dos verbos com os sujeitos: voz **ATIVA**, **PASSIVA** e **REFLEXIVA**.

>> **APOSTO** e **VOCATIVO**.

VOZES VERBAIS

Os verbos relacionam-se com o sujeito de diferentes maneiras. Os tipos de relações estabelecidas entre eles recebem o nome de vozes verbais.

As vozes verbais são: ativa, passiva e reflexiva.

VOZ ATIVA

Na voz ativa, a forma verbal indica que o sujeito da oração é o agente e autor da ação. Note que na manchete disposta na capa da revista a seguir, o sujeito "médicos" realizam a ação de errar.

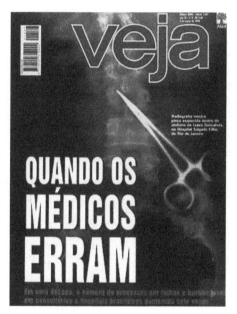

Fonte: Veja (mar., 1999).

VOZ PASSIVA

Na voz passiva, o sujeito da oração é paciente, ou seja, ele não executa a ação proposta pelo verbo da oração. Essa voz desvia a atenção do sujeito, concentrando-se no resultado da ação.

Ela se divide em passiva analítica (formada por um verbo auxiliar e um principal) e passiva sintética (formada pelo verbo acrescido da partícula "se").

Na notícia a seguir nota-se a utilização da voz passiva no momento em que se afirma "serão oferecidas 205.514 vagas...", já que o sujeito "vagas" não faz a ação proposta pelo verbo, apenas recebe a ação de serem ofertadas.

Enem 2014

Inscrições para o Sisu começam nesta segunda-feira

Este ano, <u>serão oferecidas 205.514 vagas</u> em 128 instituições públicas de educação superior. Prazo termina na próxima quinta-feira, 22 de janeiro.

Fonte: Veja Online (2014).

VOZ REFLEXIVA

Na voz reflexiva o sujeito pratica e recebe ação ao mesmo tempo. Ela é formada por um verbo mais um pronome reflexivo (me, se, te, nos, vos, se).

OS CONVIDADOS SE CUMPRIMENTARAM.
ELA ARRUMOU-SE PARA A FESTA.

APOSTO E VOCATIVO

Aposto é a palavra ou frase que se refere a um ou vários termos da oração para explicá-los, ampliá-los, resumi-los ou identificá-los.

Geralmente, entre o aposto e o termo a que ele está se referindo há uma pausa marcada por vírgula ou dois-pontos.

Observe:

VINÍCIUS DE MORAES, O POETINHA, ESCREVEU UM LIVRO DE POEMAS INFANTIS DA DÉCADA DE 1970. (AQUI, "O POETINHA" EXPLICA QUEM É VINÍCIUS DE MORAES.)

Quando queremos chamar, atrair a atenção, convocar, evocar alguém, usamos o vocativo.

Chamamos vocativo o termo sintático que nomeia a pessoa ou coisa a que nos dirigimos.

Observe que na letra de música a seguir o "eu lírico" faz uso do vocativo diversas vezes ao invocar a lua: "oh, lua branca"

Lua Branca

– Chiquinha Gonzaga

Oh, lua branca de fulgores e de encanto,
Se é verdade que ao amor tu dás abrigo,
Ah, vem tirar dos olhos meus, o pranto,
Ai, vem matar essa paixão que anda comigo.
Oh, por quem és, desce do céu, ó lua branca,
Essa amargura do meu peito, ó vem, arranca,
Dá-me o luar de tua compaixão,
Ah, vem, por Deus, iluminar meu coração.
E quantas vezes, lá no céu, me aparecias,
A brilhar em noite calma e constelada.
E em tua luz então me surpreendias
Ajoelhado junto aos pés da minha amada.
E ela, a chorar, a soluçar, cheia de pejo,
Vinha em seus lábios me ofertar um doce beijo.
Ela partiu, me abandonou assim,
Oh, lua branca, por quem és, tem dó de mim!

Fonte: Gonzaga (19--?).

resumo Na Parte II, demos continuidade ao trabalho com as classes gramaticais (advérbio, conjunção, interjeição e preposição). Introduzimos ainda o trabalho com a estrutura sintática da Língua portuguesa (frase, oração, período, sujeito e predicado), bem como a predicação verbal, a fim de propiciar uma reflexão acerca da estruturação interna das frases (sintaxe).

Atividades da Parte II

▶ **Questão 1 (UNIFAL/2013)**

Em texto publicitário referente à Cerveja Gran Bohemia (990 ml), veiculado em uma revista, encontrava-se a seguinte afirmação: "Já que não dava para deixar a Bohemia ainda mais grandiosa no sabor, deixamos na garrafa". Em qual das opções a seguir, a reescrita desse texto publicitário mantém o sentido estabelecido pela relação semântica do conectivo "já que"?

a Apesar de não dar para deixar a Bohemia ainda mais grandiosa no sabor, deixamos na garrafa.

b Conforme não dava para deixar a Bohemia ainda mais grandiosa no sabor, deixamos na garrafa.

c Ainda que não desse para deixar a Bohemia grandiosa no sabor, deixamos na garrafa.

d Uma vez que não dava para deixar a Bohemia ainda mais grandiosa no sabor, deixamos na garrafa.

▶ **Questão 2 (ENADE/LETRAS/2008)**

A flor da paixão

Os índios a chamavam de mara kuya: alimento da cuia. Contém passiflorina, um calmante;

pectina, um protetor do coração, inimigo do diabetes. Rica em vitaminas A, B e C; cálcio,

fósforo, ferro. A fruta é gostosa de tudo quanto é jeito. E que beleza de flor!

Fonte: Adaptado de Severiano (2008).

Fonte: vladokh/iStock/Thinkstock.

122 **português básico**

Na construção da textualidade, assinale a função do conectivo "E", que inicia a última frase do texto.

a Introduzir a justificativa para o nome da flor.

b Exercer função semelhante à de uma preposição.

c Substituir sinal de pontuação na estrutura sintática.

d Adicionar argumentos a favor de uma mesma conclusão.

▶ Questão 3

A danada da partícula "de"

O dicionário *Aurélio*, antes de indicar as dezenas de usos da partícula "de" em nossa língua, previne-se dizendo no início do verbete: "Preposição. Partícula de larguíssimo emprego em português".

Afastamo-nos, assim, dos usos mais habituais de "de" preposição, especialmente o de relação possessiva. Lembro que já na infância, a propósito, uma das nossas brincadeiras familiares favoritas era a de as crianças sentarem no chão e começarem a interrogar os adultos sobre os parentes não presentes:

– E a tia Ivete, como é que está?

– Ela está bem, crianças.

– E o tio José, como é que está?

– Ele está bem, crianças.

(...)

Esgotada a lista de parentes na ladainha, a criançada derivava para animais domésticos:

– E o gato da tia Helena, como é que está?

– Está bem, crianças. (Já afetando enfado, o que fazia parte da brincadeira.)

E aí a pergunta final (acompanhada de maliciosas risadas das crianças), o alvo, afinal, de toda a brincadeira:

– E o cachorro do tio Mário, como é que está?

ATIVIDADES DA PARTE II **123**

E a mãe, com fingido tom de repreensão e mal contendo as risadas, intervinha "energicamente":

– Crianças! Olhem o respeito! Já cansei de falar que não é assim que se pergunta, mas: "o cachorro que pertence ao tio Mário..."

Fonte: Adaptado de Lauand (2011).

A repreensão feita às crianças decorre do fato de que

[a] as crianças utilizaram a preposição "de" (de + o = do) com o valor semântico apreciativo.

[b] as crianças utilizaram da ambiguidade contida na frase "O cachorro do tio Mário...", por meio da contração "do", para produzir o valor semântico de depreciação.

[c] as crianças utilizaram o valor semântico de posse contido na contração "do".

[d] as crianças utilizaram um único valor semântico para a partícula "do", indicando local de origem.

▶ Questão 4

Universitário que lê sem entender

Pesquisa no Canadá mostra que leitores fluentes têm dificuldades de compreensão elementar.

Os canadenses descobriram que até nas universidades prolifera um tipo de leitor: o que lê bem e não entende. Estudo com 400 alunos da Universidade de Alberta mostrou um déficit de compreensão, não detectado anteriormente, em 5% da população. São pessoas que, quando investem na leitura, esquecem o significado específico de uma passagem. Fazem uma generalização, que se fixa na memória de curto prazo (capacidade de armazenar informação para processamento imediato) e, ao concluir a leitura, esquecem o que estava dito no primeiro parágrafo, por exemplo. Manter e executar muitas instruções em série é um sacrifício para elas, pois o hábito de leitura as fez assim. Tais pessoas podem passar despercebidas em teste de precisão de leitura, se tais sondagens se limitarem a identificar as dificuldades rudimentares da leitura. Para os pesquisadores, é útil a esse leitor escrever a ideia principal de cada parágrafo ao lê-lo, assim como adquirir o hábito de ler textos variados, que não sejam de uma única especialidade.

Fonte: Revista Língua Portuguesa (2012, p. 8).

Observe o termo "até" usado em *"Os canadenses descobriram que até nas universidades prolifera um tipo de leitor..."*. Em tal trecho o uso do termo "até" sugere:

a. Adição. Pois acrescenta uma ideia ao enunciado ao deixar claro que também nas universidades são encontrados leitores com dificuldades de compreensão.

b. Exclusão. Pois deixa claro que somente encontram-se leitores com dificuldades de compreensão nas universidades do Canadá.

c. Conclusão. Pois conclui que leitores com dificuldades existem somente nas universidades.

d. Alternância. Pois deixa claro que ser um leitor com dificuldades é uma opção, já que todos podem melhorar suas habilidades de interpretação.

▶ Questão 5

Pendurada na Ucrânia

A ordem direta dos termos na frase contribui para a clareza da mensagem, mas há casos em que pode gerar perplexidade.

O site G1, da Globo, publicou esta curiosa manchete em 26 de junho:

> "Mulher cai do 8º andar, mas fica pendurada pelo vestido na Ucrânia".
>
> Pendurada na Ucrânia? Dá o que pensar.
>
> Adaptado de Revista Língua Portuguesa (2012, p. 51).

A ambiguidade gerada na frase decorre:

a. da utilização do adjunto adverbial "na Ucrânia" após o termo "vestido".

b. da utilização da forma verbal "pendurar" no presente "pendurada".

c. da utilização da conjunção adversativa "mas".

d. da utilização da forma verbal "ficar" no presente "fica".

▶ **Questão 6**

Leia o poema que segue.

Cidadezinha Qualquer

Casas entre bananeiras
mulheres entre laranjeiras
pomar amor cantar.
Um homem vai devagar.
Um cachorro vai devagar.
Um burro vai devagar.
Devagar... as janelas olham.
Eta vida besta, meu Deus.

Fonte: Drummond (1978).

Fonte: Benoit Chartron/iStock/Thinkstock.

No poema de Drummond, o predicado *"vai devagar"* é repetido em três versos seguidos, e o verso seguinte começa com o advérbio *"devagar"*. A repetição desse predicado é necessária, pois:

a) Aumenta a extensão do texto, intensificando o sentido de lentidão na cidadezinha qualquer.
b) Reduz a carga semântica do texto uma vez que não acrescenta a ele novos dados.
c) Compara o modo como três seres diferentes se movimentam.
d) Exclui a construção de novos significados.

▶ **Questão 7**

Observe a frase a seguir:

O QUADRO DE MARIA É LINDO.

126 **português básico**

Pode-se perceber a presença de ambiguidade na frase. A presença dessa ambiguidade decorre do:

a uso do substantivo "Maria".

b uso da preposição "de".

c uso do predicativo do sujeito "lindo".

d uso do substantivo "quadro".

▶ **Questão 8**

Cosendo os pontos do dia

Põe-se a mesa a cada refeição. A cada refeição tira-se a mesa. Lava-se o copo, lavam-se os cabelos. A roupa também se lava. A escova esfrega a parte renitente.

Desço da cama e ando. Descalça, meu pé fica sujo. Lavo o pé, calço o sapato e ando. Vou até ali e volto. Vou até a esquina e volto. Vou até a cidade e volto. Vou e volto.

O prato na mesa, o talher do lado, o talher do outro, o copo na frente. Tomates e cebolas. Depois a sobremesa. Por último, o café.

Fonte: Adaptado de Colasanti (2002, p. 75).

O conectivo em destaque no segundo parágrafo, repetidamente, marca no trecho a:

a Avaliação dos fatos.

b Indicação de lugares.

c Irritação dos personagens.

d Passagem do tempo.

▶ **Questão 9**

A previsão redundante

O jornal noticiou na página de variedades:

Título: "Kiefer Sutherland retorna à TV em 'Touch'".

Olho: "Protagonista de '24 horas' interpretará pai de garoto autista que pode prever o futuro".

No texto: "Na história, o ator viverá o pai de um garoto autista e mudo que descobre que seu filho é capaz de prever acontecimentos futuros".

Não é comovente que o filhote seja capaz de "prever acontecimentos futuros"? Sim, prever acontecimentos futuros. Pena que não possa fazer o mesmo em relação a acontecimentos passados e presentes.

Fonte: Adaptado de Revista Língua Portuguesa (2011).

No texto em questão, observa-se uma ironia por parte do autor para com o redator da notícia publicada no jornal. Tal ironia decorre do fato de que:

[a] O jornal noticiou algo supérfluo e, portanto, merece críticas.

[b] O jornal noticiou um tema relativo às questões astrológicas, o que não merece credibilidade.

[c] O jornal fez uso do verbo "prever" de forma inadequada, visto que esse verbo ao ser usado com o substantivo "futuro" provoca repetição de ideias.

[d] O jornal fez uso do verbo "prever" com o valor semântico inadequado.

► **Questão 10**

O texto a seguir, apesar de monossilábico, estabelece uma comunicação imediata com o leitor.

-oi! -oi.

Fonte: Eliachar (1979).

Que recurso linguístico possibilita ao leitor atribuir sentido ao texto?

[a] A pontuação. Embora as duas falas sejam constituídas com a mesma interjeição, o emprego da exclamação em uma delas e o ponto final na outra é que permite ao leitor construir, para o texto, o sentido pretendido pelo autor.

[b] A repetição. A repetição da interjeição é capaz de fazer com que o leitor construa para o texto o significado pretendido pelo autor.

[c] O uso de letras grandes no corpo do texto enfatizando a ideia de diálogo.

[d] O uso da interjeição "Oi" na construção do texto.

PARTE III

Relações de sentido no interior do período

Na **PARTE III**, daremos ênfase às relações de sentido no interior do período (coordenação e subordinação), ressaltando a identificação do tipo de relação que se estabelece entre as orações, a natureza do nexo semântico que se estabelece entre as orações coordenadas ou subordinadas e a identificação da equivalência entre as orações subordinadas e os termos das orações, cuja função é preenchida por meio da oração principal.

9

Orações coordenadas: período composto por coordenação

9

neste capítulo você estudará:

>> A independência das **COORDENAÇÃO**.

>> **ORAÇÕES COORDENADAS SINDÉTICAS**: adversativas, aditivas, alternativas, conclusivas e explicativas.

>> **ORAÇÕES COORDENADAS ASSINDÉTICAS**.

ORAÇÕES COORDENADAS: PERÍODO COMPOSTO POR COORDENAÇÃO 133

A INDEPENDÊNCIA DAS RELAÇÕES DE COORDENAÇÃO

JOSÉ

E agora, José?

A festa acabou,

a luz apagou,

o povo sumiu,

a noite esfriou,

e agora, José?

e agora, Você?

Você que é sem nome,

que zomba dos outros,

Você que faz versos,

que ama, protesta?

e agora, José?

Fonte: Drummond (1978).

Ao lermos o fragmento do poema acima podemos notar que os versos em destaque apresentam autonomia, ou seja, independência sintática dos termos coordenados, que se relacionam a partir de uma ordenação sequencial. Assim, podemos dizer que os períodos desses versos se ligam por meio de uma relação de coordenação, já que nenhuma das orações funciona como termo de qualquer uma das outras orações.

atenção ● Período composto por coordenação refere-se ao período que se forma a partir de orações sintaticamente independentes.

As orações que formam o período composto por coordenação podem ser sindéticas ou assindéticas.

ORAÇÕES COORDENADAS SINDÉTICAS

Observe o exemplo a seguir.

Fonte: Banco Central do Brasil (2004).

No anúncio anterior o enunciado em destaque forma-se com base em duas sequências autônomas "Essa cara vai continuar valendo" seguida por "Mas a coroa vai se aposentar". Veja que nenhuma das orações desempenha uma função sintática dependente da outra. A relação semântica que se estabelece entre as duas orações, operada pela conjunção aditiva "mas", é de oposição.

A essa articulação das orações por meio de conectivos (conjunções) dá-se o nome de período composto por orações coordenadas sindéticas. Logo, orações coordenadas sindéticas são aquelas que se ligam umas às outras por meio de conjunções coordenativas.

As conjunções coordenativas (já estudadas anteriormente) possuem como função estabelecer coesão entre as orações constitutivas do período definindo, ainda, o valor semântico a ser obtido por meio da articulação entre as orações em determinado contexto, por isso as orações coordenadas sindéticas seguem a mesma classificação das conjunções coordenativas que as introduzem. Elas podem ser, portanto, aditivas, adversativas, alternativas, conclusivas e explicativas.

COORDENADAS SINDÉTICAS ADITIVAS

Na manchete da capa da revista Veja reproduzida é possível notar que estamos diante de orações coordenadas, dispostas de modo a dar a ideia de adição de fatos por meio da conjunção "e". Logo, estamos diante de um período composto por coordenação sindética formado por duas orações:

Fonte: Veja (nov., 2001).

1ª oração = Falar (oração coordenada assindética)

2ª oração = e escrever bem (oração coordenada sindética aditiva)

COORDENADAS SINDÉTICAS ADVERSATIVAS

Quando, entre as orações do período, se estabelece uma relação de contraste ou oposição, diz-se que a estrutura é do tipo adversativa. Note:

> O INVESTIMENTO NO PROJETO FOI MUITO GRANDE, MAS O RETORNO FOI IRRISÓRIO.

1ª oração = O investimento no projeto foi muito grande (oração coordenada assindética)

2ª oração = mas o retorno foi irrisório (oração coordenada sindética adversativa)

No exemplo é possível observar que as duas orações ligadas pela conjunção "mas" possuem entre si uma relação de contraste ou oposição, pois apesar de o investimento ser grande, o lucro foi pequeno.

COORDENADAS SINDÉTICAS ALTERNATIVAS

Fonte: Capas de DVD (2010a).

As orações coordenadas sindéticas alternativas presentes na capa do filme acima "Ou vai ou racha" exemplificam claramente a relação de alternância, em que uma implica na exclusão do conteúdo da outra, ou seja, deve-se optar, fazer uma escolha entre as alternativas disponíveis.

1ª oração = Ou vai= oração coordenada sindética alternativa

2ª oração = ou racha= oração coordenada sindética alternativa

COORDENADAS SINDÉTICAS CONCLUSIVAS

Quando, dada uma sequência de orações coordenadas, verifica-se que a segunda expressa uma conclusão ou consequência lógica baseada no conteúdo da primeira, tem-se uma coordenação do tipo conclusiva. Ex.:

SINTO O CHEIRO DE TERRA MOLHADA, LOGO, DEVE ESTAR CHOVENDO.

1ª oração = Sinto o cheiro de terra molhada (oração coordenada assindética)

2ª oração = logo, deve estar chovendo (oração coordenada sindética conclusiva)

COORDENADAS SINDÉTICAS EXPLICATIVAS

Quando uma oração coordenada fornece uma explicação para aquilo que se afirma na oração anterior, diz-se que a coordenação é do tipo explicativa. Observe:

> JOANA NÃO ME TELEFONOU PORQUE NÃO SE INTERESSOU PELO EMPREGO.

No exemplo acima fica claro que a oração "porque não se interessou pelo emprego" estabelece uma explicação para o fato de Joana não ter telefonado.

1ª oração = Joana não me telefonou (oração coordenada assindética)

2ª oração = porque não se interessou pelo emprego (oração coordenada sindética explicativa)

ORAÇÕES COORDENADAS ASSINDÉTICAS

São consideradas orações coordenadas assindéticas as orações independentes que se ligam à outra sem a presença de conectivos (conjunções). Elas são separadas por pausas, que na escrita se marcam por vírgula, ponto e vírgula ou dois-pontos. Ex.:

> A LUA APARECEU, ILUMINOU A NOITE ESCURA.

1ª oração= A lua apareceu (oração coordenada assindética)

2ª oração = iluminou a noite escura (oração coordenada assindética)

10

Orações subordinadas substantivas: período composto por subordinação

>10

neste capítulo você estudará:

>> Os **PERÍODOS COMPOSTOS POR SUBORDINAÇÃO** e suas classificações.

>> **ORAÇÕES SUBORDINADAS SUBSTANTIVAS**: subjetivas, objetivas indiretas, completivas nominais, predicativas, apositivas.

ORAÇÕES SUBORDINADAS SUBSTANTIVAS: PERÍODO COMPOSTO POR SUBORDINAÇÃO

Os períodos compostos por subordinação são aqueles em que uma das orações atua como determinante da outra – a principal – estando a ela subordinada. Logo, as orações subordinadas são orações determinantes das orações principais, às quais se subordinam e nas quais estão sintaticamente encaixadas. São classificadas em três tipos, de acordo com as funções que exercem em relação às principais: **subordinadas substantivas**, **subordinadas adverbiais** e **subordinadas adjetivas**.

ORAÇÕES SUBORDINADAS SUBSTANTIVAS

São orações que exercem funções próprias dos substantivos: sujeito, objeto direto, objeto indireto, predicativo, complemento nominal, aposto.

ORAÇÕES SUBORDINADAS SUBJETIVAS

Exercem a função de sujeito da oração principal. Ex.:

> É FUNDAMENTAL QUE VOCÊ ESTEJA PRESENTE.

O período acima traz um exemplo de oração subordinada substantiva subjetiva "que você esteja presente", já que ela exerce a função de sujeito da oração principal.

ORAÇÕES SUBORDINADAS SUBSTANTIVAS OBJETIVAS DIRETAS

Exercem a função de objeto direto da oração principal.

Fonte: Fuse/Thinkstock.

Na propaganda acima, ocorre um período composto por subordinação. A oração subordinada "o sorriso que sempre sonhou" é uma oração subordinada objetiva direta, exercendo a função de objeto direto do verbo transitivo direto "ter" que se encontra na oração principal.

ORAÇÕES SUBORDINADAS OBJETIVAS INDIRETAS

Exercem a função de objeto indireto do verbo da oração principal. Ex.:

CONVENCEMOS A PROFESSORA DE QUE VOCÊ NÃO DEVE SER REPROVADO.

Fonte: Netta07/iStock/Thinkstock.

A oração subordinada "de que você não deve ser reprovado" é uma oração subordinada objetiva indireta, exercendo a função de objeto indireto do verbo transitivo indireto "convencemos" que se encontra na oração principal.

ORAÇÕES SUBORDINADAS COMPLETIVAS NOMINAIS

Exercem a função de complementos nominais de um termo da oração principal. Ex.:

A MÃE TINHA CERTEZA DE QUE O FILHO VOLTARIA.

Nesse período, a oração "de que o filho voltaria" exerce a função de complemento nominal do termo "certeza" que se encontra na oração principal.

ORAÇÕES SUBORDINADAS SUBSTANTIVAS PREDICATIVAS

Exercem a função de predicativo do sujeito da oração principal. Ex.:

O CERTO SERIA QUE NÃO HOUVESSE SEGREDOS ENTRE NÓS.

No período acima, a oração em destaque exerce a função de predicativo da oração principal.

ORAÇÕES SUBORDINADAS APOSITIVAS

Exercem a função de aposto de um termo da oração principal. Ex.:

SÓ LHE PEÇO UMA COISA: SEJA SEMPRE HONESTO.

No exemplo citado, a oração "seja sempre honesto" exerce a função de aposto da oração principal visto que explica qual é o pedido.

11

Orações subordinadas adverbiais: período composto por subordinação

>11

● neste capítulo você estudará:

>> O **ADJUNTO ADVERBIAL** nas orações subordinadas.

>> A classificação das **ORAÇÕES SUBORDINADAS ADVERBIAIS**: causais, consecutivas, concessivas, comparativas, conformativas, finais, proporcionais, temporais, condicionais.

ORAÇÕES SUBORDINADAS ADVERBIAIS: PERÍODO COMPOSTO POR SUBORDINAÇÃO 147

As orações subordinadas adverbiais desempenham o papel de adjuntos adverbiais do predicado da oração principal. Portanto, exprimem circunstâncias específicas com relação ao predicado da oração principal, tendo assim, uma classificação baseada em critérios semânticos.

> **atenção** ●
> As circunstâncias mais frequentemente expressas pelas orações subordinadas adverbiais são: causa, consequência, concessão, comparação, conformidade, finalidade, proporção e tempo.

ORAÇÕES SUBORDINADAS ADVERBIAIS CAUSAIS

Exprimem ideia de causa da ação expressa na oração principal, utilizando conjunções subordinativas que, em determinado contexto, sejam capazes de transmitir essa ideia, como: porque, já que, uma vez que, visto que, posto que, que, entre outras.

Fonte: Capas de DVD (2010b).

No cartaz do filme acima, podemos notar a presença da oração subordinada adverbial causal "que a polícia vem aí", expressando a ideia da causa pela qual deve-se realizar a ação de correr indicada na oração principal.

ORAÇÕES SUBORDINADAS ADVERBIAIS CONSECUTIVAS

Exprimem a ideia de consequência, indicando um fato que pode ser entendido como consequência/efeito de algo que se afirma na oração principal. Ex.:

CRISTIANO COMEU TANTA FEIJOADA NA FESTA DE ANDERSON
QUE PASSOU MAL A NOITE TODA.

Note que no exemplo acima a oração "que passou mal a noite toda" reflete uma consequência da ação que foi realizada na oração principal, portanto ela exerce a função de oração subordinada adverbial consecutiva.

ORAÇÕES SUBORDINADAS ADVERBIAIS CONCESSIVAS

Indicam a ideia de concessão, ou seja, algo que se esperava que acontecesse, mas, apesar da expectativa, não acontece. Ex.:

EMBORA QUISESSE MUITO CHEGAR A TEMPO AO EVENTO, CAMILA ACABOU SE ATRASANDO.

Podemos observar a relação de concessão estabelecida por meio da quebra da expectativa de chegar a tempo ao evento.

ORAÇÕES SUBORDINADAS ADVERBIAIS COMPARATIVAS

Expressam uma comparação de igualdade, superioridade ou inferioridade com um dos termos da oração principal.

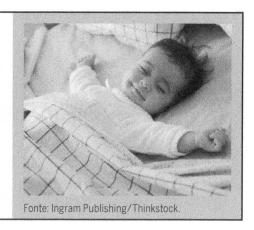

Na propaganda, observe que a conjunção "quanto", expressa na oração subordinada, estabelece a comparação de igualdade entre a ação indicada na oração principal "Dormir em um colchão Sono Profundo" e a ação de "sonhar".

ORAÇÕES SUBORDINADAS ADVERBIAIS CONFORMATIVAS

São aquelas que expressam a ideia de conformidade em relação a algo que foi afirmado na oração principal. Ex.:

> OS ALUNOS APRESENTARAM O TRABALHO CONFORME O PROFESSOR PEDIU.

No exemplo acima é possível notar a ideia de conformidade pela oração subordinada "conforme o professor pediu".

ORAÇÕES SUBORDINADAS ADVERBIAIS FINAIS

São aquelas que indicam a finalidade ou o objetivo daquilo que se declara na oração principal.

> OS PAIS QUEREM QUE SEUS FILHOS ESTUDEM PARA QUE PASSEM NO VESTIBULAR.

Note que nesse exemplo ocorre a presença da oração subordinada adverbial final "para que passem no vestibular" indicando a finalidade pela qual os pais almejam que os filhos estudem.

ORAÇÕES SUBORDINADAS ADVERBIAIS PROPORCIONAIS

Indicam gradação ou proporcionalidade. Ex.:

> QUANTO MAIS ELE SE EXIBE, MENOS EU OLHO.

No período acima, notamos a presença de uma relação de proporcionalidade evidenciada pelo enunciado "quanto mais ele se exibe, menos eu olho".

ORAÇÕES SUBORDINADAS ADVERBIAIS TEMPORAIS

São aquelas que exprimem circunstâncias de tempo relativas ao que vem expresso na oração principal.

Fonte: Innovare Publicidade (2014).

No anúncio publicitário acima, observamos a presença da oração subordinada adverbial temporal "Quando uma roupa não cai bem", que estabelece uma relação de temporalidade com relação a um fato expresso na oração principal.

ORAÇÕES SUBORDINADAS ADVERBIAIS CONDICIONAIS

Expressam uma condição real ou hipotética com relação ao predicado da oração principal. Veja:

> **Se Quiserem que Eu Tenha um Misticismo**
>
> Se quiserem que eu tenha um misticismo, está bem, tenho-o.
>
> Sou místico, mas só com o corpo.
>
> A minha alma é simples e não pensa.
>
> O meu misticismo é não querer saber.
>
> É viver e não pensar nisso.
>
> Não sei o que é a Natureza: canto-a.
>
> Vivo no cimo dum outeiro
>
> Numa casa caiada e sozinha,
>
> E essa é a minha definição.
>
> Fonte: Caeiro (19--?).

No título e no primeiro verso do poema é possível identificar a presença da oração subordinada adverbial condicional "se quiserem que eu tenha um misticismo", que estabelece uma relação de condição com a oração principal "tenho-o".

12

Orações subordinadas adjetivas: período composto por subordinação

>12

neste capítulo você estudará:

>> ORAÇÕES SUBORDINADAS ADJETIVAS: restritivas e explicativas.

As orações subordinadas adjetivas podem ser classificadas, de acordo com seu sentido, em adjetivas restritivas ou adjetivas explicativas.

ORAÇÕES SUBORDINADAS ADJETIVAS RESTRITIVAS

Referem-se a um termo restringindo o seu significado, particularizando-o.

Fonte: Conectado com a Língua Portuguesa (2014).

Na propaganda acima, a oração "que você joga na rua" restringe, particulariza, deixando claro que não é todo lixo que volta para dentro de sua casa, apenas aquele jogado na rua.

ORAÇÕES SUBORDINADAS ADJETIVAS EXPLICATIVAS

Têm a função de acrescentar alguma explicação ou informação suplementar a um termo já definido e delimitado.

OS HOMENS, QUE MORAM NA CASA AO LADO, TRABALHAM NA DUPLICAÇÃO DA RODOVIA.

É possível observar no exemplo acima que a oração "que moram na casa ao lado" fornece uma explicação a mais sobre o termo "os homens" já mencionados anteriormente.

resumo Na Parte III, estudamos sobre as relações de sentido no interior do período ressaltando as relações de coordenação e subordinação, deixando claro que, além de serem responsáveis por estabelecer a coesão no interior de um texto, as orações e seus conectivos corroboram a coerência textual, garantindo a construção de valores semânticos adequados à situação comunicativa.

Atividades da Parte III

▶ **Questão 1**

Este é um trecho da música "A banda", de Chico Buarque.

> "Estava à toa na vida, o meu amor me chamou
> Pra ver a banda passar, cantando coisas de amor
> A minha gente sofrida despediu-se da dor
> **Pra ver a banda passar**, cantando coisas de amor"
> Fonte: Buarque (1966).

No trecho grifado, caso a preposição "pra" seja substituída por "por", a relação estabelecida com a frase anterior seria de:

a. Causa
b. Conclusão
c. Finalidade
d. Oposição

▶ **Questão 2**

No anúncio ao lado, a coesão entre as orações é obtida através do emprego da conjunção "mas". No contexto, a conjunção transmite a ideia de:

a. Oposição
b. Conformidade
c. Causa
d. Comparação

Fonte: L'acqua di Fiori (20--?).

▶ **Questão 3**

"Os ursos pandas chineses já foram paparicados pelos ecologistas até o limite da chatice. Mas promete ser divertido vê-los num filme que começa a ser rodado no Himalaia, pela Warner Brothers americana".

Fonte: Superinteressante (set. 1994).

Releia a segunda frase do texto. O autor a inicia com uma marca de coesão, a palavra MAS, que introduz o sentido de oposição. Uma ideia nova, que vai ser apresentada, será oposta a uma ideia da frase anterior. Quais são as ideias que estão em oposição?

a) O autor opõe a ideia de ser divertido ver o filme à ideia da chatice do protecionismo excessivo dos ecologistas em relação aos pandas.

b) O autor opõe a ideia do divertimento ocasionado pelo filme ao divertimento que os ursos pandas podem provocar.

c) O autor opõe a ideia da chatice dos ecologistas à chatice dos filmes produzidos pela Warner.

d) O autor opõe a ideia do protecionismo em relação aos pandas à exploração que será ocasionada a esses animais em ocasião da gravação do filme.

▶ **Questão 4**

Fonte: WebEnsino (20--?).

ATIVIDADES DA PARTE III   159

Na propaganda, as ideias se organizam em torno da estrutura sintática de um período composto por subordinação. Qual é a função exercida pela oração "que publicitário gosta de aparecer"?

ⓐ Sujeito, já que na oração principal esse elemento não está presente.

ⓑ Predicativo do sujeito, estabelecendo uma característica para o sujeito que se encontra na oração principal.

ⓒ Objeto indireto, complementando com o auxílio da preposição do verbo "dizer", presente na oração principal.

ⓓ Objeto direto, estabelecendo uma ligação direta com o verbo "dizer" presente na oração principal.

▶ **Questão 5**

Se o homem fosse como deveria ser

Se o homem fosse, como deveria ser,

Não um animal doente, mas o mais perfeito dos animais,

Animal directo e não indirecto,

Devia ser outra a sua forma de encontrar um sentido às cousas,

Outra e verdadeira.

Devia haver adquirido um sentido do "conjunto";

Um sentido como ver e ouvir do "total" das cousas

E não, como temos, um pensamento do "conjunto";

E não, como temos, uma ideia, do "total" das cousas.

E assim – veríamos – não teríamos noção do "conjunto" ou do "total",

Porque o sentido do "total" ou do "conjunto" não vem de um total ou de um conjunto

Mas da verdadeira Natureza talvez nem todo nem partes.

Fonte: Caeiro (19--?).

160 **português básico**

As ideias contidas no verso "Se o homem fosse, como deveria ser", se organizam numa relação semântica de:

- [a] Alternância
- [b] Condição
- [c] Oposição
- [d] Conclusão

▶ Questão 6

"Todos os dias esvaziava uma garrafa, colocava dentro sua mensagem, e a entregava ao mar. Nunca recebeu resposta. Mas tornou-se alcoólatra".

Fonte: Marina Colasanti.

O conectivo "mas", que introduz a conclusão do conto "tornou-se alcoólatra", permite a seguinte interpretação:

I. A personagem tornou-se alcoólatra porque nunca recebeu uma resposta.

II. O fato aconteceu porque a personagem escreveu muitas mensagens.

III. A solidão sem remédio tem sempre como consequência o vício.

IV. Esvaziou muitas garrafas. Enviou muitas mensagens. Não recebeu resposta. Mas, como tinha bebido todos os dias, tornou-se alcoólatra.

Analise as afirmações e assinale a alternativa correta.

- [a] Somente a afirmação IV está correta.
- [b] Somente a afirmação I está correta.
- [c] Somente as afirmações I e II estão corretas.
- [d] Somente a afirmação III está correta.

Questão 7

O voo sobre as igrejas

Vamos até à Matriz de Antônio Dias

Onde repousa, pó sem esperança, pó sem lembrança, o Aleijadinho.

Vamos subindo em procissão a lenta ladeira.

Padres e anjos, santos e bispos nos acompanham

e tornam mais rica, tornam mais grave a romaria de assombração.

Mas já não há fantasmas no dia claro,

tudo é tão simples,

tudo tão nu,

as cores e cheiros do presente são tão fortes e tão urgentes

que nem se percebem catingas e rouges, boduns e ouros do século 18.

Vamos subindo, vamos deixando a terra lá embaixo.

Nesta subida só serafins, só querubins fogem conosco,

de róseas faces, de nádegas róseas e rechonchudas,

empunham coroas, entoam cantos, riscam ornatos no azul autêntico.

Fonte: Drummond (2013).

A presença da conjunção "que", no décimo verso, estabelece entre as orações do período o valor semântico de :

a Explicação
b Condição
c Lugar
d Consequência

Fonte: DAJ/Thinkstock.

162 **português básico**

▶ Questão 08

Em qual das frases abaixo não se encontra conjunção anunciada?

[a] subordinativa concessiva: "Conquanto estivesse cansado, concordou em prosseguir";

[b] subordinativa condicional: "Digam o que quiserem contanto que não me ofendam";

[c] subordinativa temporal: "Mal anoiteceu, iniciou-se a festa com grande entusiasmo";

[d] subordinativa final: "Saiu sem que ninguém percebesse".

▶ Questão 09

"Tal era a fúria dos ventos, que as copas das árvores beijavam o chão." Nesse período, a oração subordinada é adverbial:

[a] Consecutiva

[b] Final

[c] Proporcional

[d] Concessiva

▶ Questão 10

Considere o trecho da música "trabalhar é pecado", de Alvarenga e ranchinho:

"Não trabalho na sexta-feira

Que é dia de azar

Sábado é fim de semana

Tenho que descansar"

Fonte: Alvarenga (c2014).

ATIVIDADES DA PARTE III **163**

Sobre a ocorrência da palavra "que" é correto afirmar que ela:

[a] Poderia ser substituída, no primeiro caso, por "no qual" e por "qual" no segundo.

[b] Tem valor de conclusão nos dois casos, podendo ser substituída por "então".

[c] Poderia ser substituída por "quando" no primeiro caso e por "logo que" no segundo.

[d] Tem valor explicativo no primeiro caso e equivale à preposição "de" no segundo.

PARTE IV

Dúvidas gramaticais e a construção do parágrafo padrão

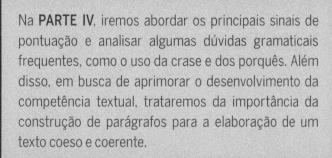

Na **PARTE IV**, iremos abordar os principais sinais de pontuação e analisar algumas dúvidas gramaticais frequentes, como o uso da crase e dos porquês. Além disso, em busca de aprimorar o desenvolvimento da competência textual, trataremos da importância da construção de parágrafos para a elaboração de um texto coeso e coerente.

>13

Pontuação

13

neste capítulo você estudará:

>> O **PORQUÊ** da **PONTUAÇÃO**.

>> Os **SINAIS DE PONTUAÇÃO**: vírgula, ponto-final, ponto e vírgula, dois-
-pontos, interrogação, exclamação, reticências, aspas, travessão, parênteses.

PONTUAÇÃO 169

A pontuação de uma língua é sempre uma tentativa de reprodução das pausas, entonações e representação de emoções, sensações e intenções que ocorrem no momento da fala. Ou seja, a pontuação tenta reproduzir determinadas especificidades da língua falada.

A seguir trataremos dos principais sinais de pontuação e suas utilizações mais frequentes.

VÍRGULA

A vírgula é utilizada nos seguintes casos:

a. Separar elementos de enumeração que possuam a mesma função sintática no contexto.

> ANTES DE CHEGAR EM CASA ANDERSON PASSOU NO SUPERMERCADO, NA PADARIA, NA FARMÁCIA.

Obs: Caso o último elemento venha precedido da conjunção "e" dispensa-se o uso da vírgula.

> A NOITE ESTAVA FRIA, TRISTE E MEDONHA.

b. Isolar o aposto e o vocativo do restante da frase.

Veja nos exemplos a seguir como tais elementos são separados do restante da frase pela vírgula:

> MINHA FIHA, TENHA CUIDADO AO ATRAVESSAR A RUA.

Observe que o vocativo "minha filha" vem separado do restante da frase por vírgula.

> CARLOS, O POLICIAL MILITAR, FALECEU NA NOITE DE ONTEM.

No exemplo acima, o aposto "o policial militar" foi separado do restante da frase pela vírgula.

c. Isolar adjunto adverbial antecipado:

NA BAHIA, O CARNAVAL COMEÇA MAIS CEDO.

Separar o nome do lugar nas datas:

São Paulo, 03 de Março de 2014.

Sr. Roberto Almeida

Diretor

Conexão Assessoria Empresarial Ltda.

Av. Brasil, 882 – Sala 12

São Paulo – SP

Prezado Sr. Roberto,

Sou executivo da área de Comunicação Empresarial com vasta experiência em relações com a imprensa, órgãos de defesa do consumidor, análise de concorrência e formação e liderança de equipes.

Graduado em Ciências Jurídicas e Sociais, tenho pós-graduação em Jornalismo.

Encaminho meu currículo para futuras oportunidades.

Atenciosamente,

Gilson Santos Ferreira

d. Separar orações coordenadas assindéticas:

ANA ENTROU CORRENDO, ESCORREGOU E QUEBROU A PERNA.

e. Isolar termos explicativos/orações adjetivas explicativas:

O BOMBEIRO, QUE SALVOU A VIDA DO BEBÊ, É CASADO COM A CRISTINA.

PONTO-FINAL

a. O ponto final é usado basicamente para finalizar uma frase declarativa de sentido completo.

> ONTEM, OS POLICIAIS PRENDERAM O LADRÃO QUE TENTOU ASSALTAR O BANCO.

b. Abreviar palavras:

> "Sr." "S.A."

PONTO E VÍRGULA

Utiliza-se o ponto e vírgula para:

a. Separar elementos diversos enumerados em sequência, como em leis e decretos:

> ART. 16:
>
> O DIREITO À LIBERDADE COMPREENDE OS SEGUINTES ASPECTOS:
>
> IR, VIR E ESTAR NOS LOGRADOUROS PÚBLICOS E ESPAÇOS COMUNITÁRIOS, RESSALVADAS AS RESTRIÇÕES LEGAIS;
>
> OPINIÃO E EXPRESSÃO;
>
> CRENÇA E CULTO RELIGIOSO;
>
> BRINCAR, PRATICAR ESPORTES E DIVERTIR-SE.
>
> (ESTATUTO DA CRIANÇA E DO ADOLESCENTE. ADAPTADO.)

b. Separar partes coordenadas de um período no qual já se tenha usado vírgula excessivamente:

> A AUTOMAÇÃO INDUSTRIAL PODE TRAZER DUAS CONSEQUÊNCIAS: A PRIMEIRA, DE CARÁTER SOCIAL, É O DESEMPREGO; A SEGUNDA, DE CARÁTER ECONÔMICO, É O ALTO CUSTO DE MANUTENÇÃO.

DOIS-PONTOS

Os dois-pontos são empregados geralmente quando vamos introduzir uma citação/fala, uma explicação ou uma enumeração:

> UMA COISA NÃO PODEMOS DEIXAR DE RECONHECER: ELA É UMA ÓTIMA MÃE. (EXPLICAÇÃO).
>
> MARCOS BAGNO AFIRMA:
>
> A NORMA CULTA, COMO VIMOS, ESTÁ TRADICIONALMENTE MUITO VINCULADA À NORMA LITE-RÁRIA, À LÍNGUA ESCRITA. (BAGNO, 2001)

PONTO DE INTERROGAÇÃO

Utilizado para formular perguntas e demonstrar dúvidas ou indignação diante de uma situação:

> VOCÊ ESTÁ BEM, CRISTINA? (PERGUNTA/DÚVIDA)
>
> O QUÊ? SERÁ QUE ELE FOI CAPAZ FAZER ISSO COMIGO EM PLENA LUA DE MEL? (DÚVIDA/INDIGNAÇÃO)

PONTO DE EXCLAMAÇÃO

Utilizado para demonstrar emoções, sentimentos e expectativas. É usado com interjeições:

> QUE SURPRESA BOA!
>
> AH, COMO ESTOU FELIZ COM SUA VINDA!

RETICÊNCIAS

Indica interrupção da ideia que estava sendo produzida, hesitação ou pode ainda ser usada para indicar partes suprimidas de um texto:

> EU ESTAVA TÃO ALEGRE QUE...
>
> EU ACHO QUE... QUE... TALVEZ EU PUDESSE AJUDAR EM ALGUMA COISA.
>
> NÃO ERA MUITO FÁCIL PEDIR DINHEIRO EMPRESTADO AO MEU TIO-AVÔ, POIS ELE ERA UM VELHO SOVINA, DAQUELES QUE COSTUMAVAM GUARDAR SEUS PERTENCES MAIS VALIOSOS DEBAIXO DO COLCHÃO. (...), NAQUELA NOITE, ENTRETANTO, SENTEI-ME AO SEU LADO E HUMILDEMENTE FIZ O PEDIDO.

ASPAS

As aspas são utilizadas para indicar citações ou fala de personagens (quando essa não for feita por travessão), marcar palavras estrangeiras, neologismos ou gírias.

"DESDE LOGO, DEVE-SE EVITAR A REDUÇÃO DA EDUCAÇÃO A DISTÂNCIA À IDEIA DE ENSINO POR COMPUTADORES E REDES VIRTUAIS." (MORAES, 2010)
EI MOÇO! SIRVA-ME UM "HOT-DOG" E UM REFRIGERANTE BEM GELADO.

Fonte: RossellaApostoli/iStock/Thinkstock.

TRAVESSÃO

Usado para marcar a mudança de interlocutores em um diálogo e para destacar palavra ou expressão no interior de uma frase, usando-se assim o travessão duplo:

– BOM DIA, JOSÉ!
– É UM PRAZER RECEBÊ-LO EM MINHA CASA, MEU AMIGO!
GOSTARIA DE SER CONVIDADO PARA AQUELA FESTA – TODOS DE MINHA RUA FORAM – MAS SEI QUE NAQUELE CLUBE OS POBRES NÃO SÃO BEM-VINDOS.

PARÊNTESES

Os parênteses são usados para fornecer um melhor esclarecimento à mensagem que está sendo produzida, para isolar palavras ou expressões que não se encaixam no contexto, para destacar uma reflexão do locutor ou para demarcar as rubricas em peças teatrais:

A IRMÃ DE CARLOS (AQUELA QUE TRABALHA NO HOSPITAL) ESTAVA ENVOLVIDA NO ASSALTO À JOALHERIA.

ANTES DE ME LEVANTAR (SEMPRE GOSTO DE DORMIR TARDE) ESPREGUICEI-ME LENTAMENTE, ESTICANDO TODOS OS NERVOS DE MEU CORPO.

CAMILA: QUE SAUDADE! (GRITA E CORRE PARA ABRAÇAR SEU FILHO). NUNCA MAIS FUJA DA MAMÃE! (LÁGRIMAS ROLAM PELO ROSTO).

>14

Parágrafo

>14

● neste capítulo você estudará:

>> **DEFINIÇÃO** e **CONSTITUIÇÃO** de um parágrafo.

>> A **ORGANIZAÇÃO** dos parágrafos.

>> As **RELAÇÕES** que compõem os parágrafos: algumas sugestões.

Apesar de um parágrafo ser definido pelo afastamento da margem da folha até o ponto-final, o mais importante não é essa estrutura, e sim a unidade de sentido que o parágrafo representa no todo.

Assim, antes de começar a elaboração de um texto, o ideal é organizar os parágrafos que nortearão sua constituição, a fim de garantir a coesão e a coerência no interior textual. Dessa forma, a investigação dos conhecimentos prévios sobre o assunto a ser discutido no texto é imprescindível, pois pela organização de parágrafos que contemplarão esses conhecimentos será possível um plano para elaborar o texto.

Em seguida, o ideal é fazer um apanhado geral de suas ideias, organizando-as em tópicos e identificando a ideia central do que se pretende trabalhar. Posteriormente, cada tópico elencado servirá como base para a elaboração de cada parágrafo que participará da composição do texto.

Já delimitados os tópicos para a composição dos parágrafos, chega-se à etapa de relacionar esses tópicos, transformando-os em parágrafos que se liguem com coerência e coesão a fim de garantir a lógica do texto.

Para a organização dos parágrafos há diversas sugestões de variados autores, mas o preferível é que você organize os parágrafos de acordo com o seu conhecimento sobre o assunto, pois não adianta seguir regras e querer escrever sobre algo que não dominamos. Assim, os tópicos a seguir são apenas sugestões de parágrafos que podem ser criados a fim de constituir um texto. Veja:

- ▶ Parágrafo de tessitura histórica sobre o assunto.

- ▶ Parágrafo sobre o local, isto é, o espaço no qual o acontecimento descrito ou narrado se desenrola.

- ▶ Parágrafo que utiliza conceituação/definição.

- ▶ Parágrafo que estabelece comparações de dois ou mais itens no interior de um texto.

- ▶ Parágrafo que correlaciona causas e efeitos.

- ▶ Parágrafo que estabelece exemplificação de dados factuais.

- ▶ Parágrafo conclusivo.

atenção • É importante lembrar que, de acordo com o gênero textual, alguns exemplos de parágrafos citados aqui não se aplicam à estrutura textual. Por exemplo, o gênero fábula não suporta a utilização de parágrafos que estabeleçam a exemplificação com dados factuais, já que a fábula é um gênero que trabalha com dados fantásticos/fictícios.

Pode-se concluir, portanto, que a importância do parágrafo reside na tarefa de isolar e depois ajustar as ideias principais de sua composição, permitindo que o leitor acompanhe o desenvolvimento em seus diferentes estágios.

Com relação à extensão do parágrafo é preciso deixar claro que ela varia. Da mesma forma que podem existir parágrafos de duas linhas podem existir aqueles compostos por uma página inteira. Portanto, o que define a extensão de um parágrafo não é a ideia de proporção, mas, sim ,seu núcleo, sua ideia central, pois se o texto é um conjunto de ideias associadas, cada parágrafo deve corresponder a cada uma dessas ideias, tanto quanto elas correspondem às diferentes partes em que o autor julgou conveniente dividir o seu assunto.

para saber Sobre parágrafo, vale a pena ler o artigo abaixo publicado na Revista Língua Portuguesa, n. 102, abr. 2014.

SOBRE A UNIDADE DO PARÁGRAFO

O parágrafo é um dos mais importantes componentes do texto. Estrutura-se a partir de uma ou mais sentenças que servem de tópicos. Conforme o nome diz, o tópico orienta e limita o comentário que vem depois. Constitui um parâmetro de que o redator não pode se afastar.

Ao explicar a Competência 4 do Enem, que trata dos mecanismos necessários à argumentação, o "Guia do Participante 2013" traz uma breve teoria sobre o assunto. Lembra que o parágrafo é formado (p. 20)

> "por uma ideia principal à qual se ligam ideias secundárias"

E observa, pouco depois, que

> "deve haver uma articulação entre um parágrafo e outro".

Isso quer dizer que a quebra da unidade em um parágrafo interfere na estruturação dos restantes. Gera um embaralhamento que compromete a unidade do texto como um todo. Além disso, como veremos, faz com que se reduzam as possibilidades argumentativas.

Entre os problemas mais comuns na estruturação dos parágrafos, estão:

- a confusão entre parágrafo e período. Nesse caso, o redator escreve uma frase e muda de linha, deixando de desenvolver o tópico frasal;
- a falta de articulação entre o tópico e o comentário;
- a redação de parágrafos longos, em que há duas ou três ideias principais.

A passagem seguinte constitui um exemplo do segundo caso:

"Como dizia Nicolau Maquiavel, 'os fins justificam os meios'. Não teríamos conseguido progredir na vida intelectual e moral se não tivéssemos sido influenciados pelos nossos pais e amigos. Se hoje temos ética, isso veio das influências transmitidas por aqueles com quem convivemos. Como a escola determinista acreditava, o homem é em grande parte fruto do meio em que vive."

A frase de abertura, atribuída a Maquiavel, não se liga ao comentário subsequente. O aluno destaca a partir do segundo período a influência positiva de pais e amigos na formação dos jovens. O maquiavelismo diz respeito a situações em que o espírito pragmático deve preponderar sobre valores éticos ou sentimentais. Isso também, por sinal, nada tem a ver com determinismo.

A passagem abaixo, em que há mais de uma ideia principal, é um exemplo do terceiro caso:

"Existe uma relação entre o consumismo e a baixa autoestima. Geralmente a baixa autoestima e a depressão são curadas indo às compras, pois o objeto novo nos transmite a ideia de vida nova. O prazer que se sente ao comprar um objeto é gerado pela liberação de endorfinas, que vão atuar no nosso humor. O comércio é o setor da economia que mais cresce com o consumismo, gerando empregos e desenvolvendo a indústria de bens de consumo."

Fonte: yuoak/iStock/Thinkstock.

No tópico, o aluno se refere à relação entre consumismo e baixa autoestima. Para se manter coerente, deveria desenvolvê-lo procurando demonstrar esse vínculo, que por sinal é hoje muito enfatizado por psicólogos e demais estudiosos da mente. As explicações apresentadas no início atendem à coerência: objetos recém-comprados nas lojas dão a sensação de vida nova, o que momentaneamente eleva a autoestima. Da mesma forma, o prazer de comprar libera substâncias que produzem bem-estar e euforia.

O problema é o que vem depois. A ideia de que o comércio cresce com o excesso de consumo, pois tal excesso desenvolve a indústria e gera empregos, está ligada ao assunto mas nada tem a ver com a frase de abertura. Constitui a introdução de um novo parágrafo, que poderia destacar uma contradição: o consumismo é prejudicial ao servir de alternativa para as pessoas que se amam pouco, pois constitui um falso recurso terapêutico, no entanto traz ganhos para a economia do país.

Essa ideia, introduzida pelo operador argumentativo adequado, enriqueceria a argumentação. Poderia suscitar um dilema a ser explorado pelo aluno: tratar os que têm baixa autoestima, e com isso reduzir o potencial de consumo que eles representam? Ou deixá-los com suas carências para que o comércio continue a se beneficiar do dinheiro deles? Eis uma boa discussão, em que os valores éticos tenderiam a prevalecer sobre o pragmatismo comercial. Mas ela deixou de vir à tona devido a ideias mal-arranjadas num único parágrafo.

Fonte: Viana (2014).

>15

Usos da crase

> 15

neste capítulo você estudará:

>> **REGRAS PRÁTICAS** para o uso da crase.

>> **USOS FACULTATIVOS** da crase.

USOS DA CRASE **183**

REGRAS PRÁTICAS

Primeira – Tente substituir a palavra antes da qual aparece o **a** ou **as** por um termo masculino. Se o **a** ou **as** se transformar em **ao** ou **aos**, existe crase; do contrário, não.

> FUI AO SUPERMERCADO.
> FUI À FARMÁCIA.

No caso de **nome geográfico ou de lugar**, substitua o **a** ou **as** por **para**. Se o certo for **para a**, use a crase:

> FOI À FRANÇA (FOI PARA A FRANÇA).
> IRÃO À COLÔMBIA (IRÃO PARA A COLÔMBIA).
> *VOLTOU A CURITIBA (VOLTOU PARA CURITIBA*, SEM CRASE).

Pode-se também usar a forma **voltar de:** se o **de** se transformar em **da**, há crase, mas será inexistente se o **de** não se alterar:

> RETORNOU À ARGENTINA (VOLTOU DA ARGENTINA).
> FOI A ROMA (VOLTOU DE ROMA).

Segunda - A combinação de outras preposições com **a** (para a, na, da, pela e, principalmente, a) indica se o **a** ou **as** deve ter crase. Não é necessário que a frase alternativa tenha o mesmo sentido da original nem que a regência seja correta. Exemplos:

> EMPRESTOU O LIVRO À AMIGA (PARA A AMIGA).
> CHEGOU À ESPANHA (DA ESPANHA).
> AS VISITAS VIRÃO ÀS 6 HORAS (PELAS 6 HORAS).
> ESTAVA ÀS PORTAS DA MORTE (NAS PORTAS).
> À SAÍDA (NA SAÍDA).
> À FALTA DE (NA FALTA DE, COM A FALTA DE).

USE A CRASE

1. Nas formas àquela, àquele, àquelas, àqueles, àquilo (e derivados): *Cheguei àquele* (a + aquele) *lugar*.

> VOU ÀQUELAS CIDADES.
> REFERIU-SE ÀQUELES LIVROS.
> NÃO DEU IMPORTÂNCIA ÀQUILO.

2. Nas indicações de horas, desde que determinadas: *Chegou às 8 horas.*

> ZERO E MEIA INCLUEM-SE NA REGRA:
> O AUMENTO ENTRA EM VIGOR À ZERO HORA. VEIO À MEIA-NOITE EM PONTO.
> A INDETERMINAÇÃO AFASTA A CRASE: IRÁ A UMA HORA QUALQUER.

3. Nas locuções adverbiais, prepositivas e conjuntivas, como às pressas, às vezes, à risca, à noite, à direita, à esquerda, à frente, à maneira de, à moda de, à procura de, à mercê de, à custa de, à medida que, à proporção que, à força de, à espera de:

> SAIU ÀS PRESSAS.
> VIVE À CUSTA DO PAI.
> ESTAVA À ESPERA DO IRMÃO.
> SUA TRISTEZA AUMENTAVA À MEDIDA QUE OS AMIGOS PARTIAM.
> SERVIU O FILÉ À MODA DA CASA.

Nas locuções que indicam meio ou instrumento e em outras nas quais a tradição linguística o exija, como à bala, à faca, à máquina, à chave, à vista, à venda, à toa, à tinta, à mão, à navalha, à espada, à baioneta calada. Veja como exemplo o anúncio publicitário a seguir:

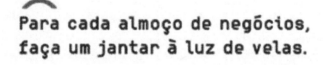

Fonte: Bureau de Textos (2011).

Neste caso não se pode usar a regra prática de substituir **a** por **ao**.

1. Antes dos relativos que, qual e quais, quando o **a** ou **as** puderem ser substituídos por **ao** ou **aos**:

> EIS A MOÇA À QUAL VOCÊ SE REFERIU (EQUIVALENTE: EIS O RAPAZ AO QUAL VOCÊ SE REFERIU).
> FEZ ALUSÃO ÀS PESQUISAS ÀS QUAIS NOS DEDICAMOS
> (FEZ ALUSÃO AOS TRABALHOS AOS QUAIS...).
> É UMA SITUAÇÃO SEMELHANTE À QUE ENFRENTAMOS ONTEM
> (É UM PROBLEMA SEMELHANTE AO QUE...).

NÃO USE A CRASE

Antes de palavra masculina: *comida a quilo, andar a pé, pagamento a prazo, caminhadas a esmo, cheirar a suor, viajar a cavalo, vestir-se a caráter.*

 Existe a crase quando se pode subentender uma palavra feminina, especialmente **moda** e **maneira**, ou qualquer outra que determine um nome de empresa ou coisa: *Cabelo à Neymar* (à moda de Neymar). / *Estilo à Machado de Assis* (à maneira de). / *Vou à* (editora) *Melhoramentos.* / *Fez alusão à* (revista) *Exame.*

2. Verbo: *Passou a ver. / Começou a fazer. / Pôs-se a falar.*

3. Substantivos repetidos: *Cara a cara, frente a frente, gota a gota, de ponta a ponta.*

4. Ela, esta e essa: *Pediram a ela que saísse. / Cheguei a esta conclusão. / Dedicou o livro a essa moça.*

5. Outros pronomes que não admitem artigo, como ninguém, alguém, toda, cada, tudo, você, alguma, qual, etc.

6. Formas de tratamento: *Escreverei a Vossa Excelência. / Recomendamos a Vossa Senhoria... / Pediram a Vossa Majestade...*

7. Uma: Foi a uma festa. Exceções. Na locução à uma (ao mesmo tempo) e no caso em que uma designa hora *(Sairá à uma hora).*

8. Palavra feminina tomada em sentido genérico: *Não damos ouvidos a reclamações. / Em respeito a morte em família, faltou ao serviço.* Repare: *Em respeito a falecimento,* e não *ao falecimento. / Não me refiro a mulheres, mas a meninas.*

Alguns casos são fáceis de identificar: se couber o artigo indefinido **uma** antes da palavra feminina, não existirá crase. Assim:

A PENA PODE IR DE (UMA) ADVERTÊNCIA A (UMA) MULTA.
IGREJA REAGE A (UMA) OFENSA DE CANDIDATO EM GUARULHOS.
AS REPORTAGENS NÃO ESTÃO NECESSARIAMENTE LIGADAS A (UMA) AGENDA.
FRAUDE LEVA A (UMA) SONEGAÇÃO RECORDE.
EMPRESA ATRIBUI GOTEIRA A (UMA) FALHA NO SISTEMA DE REFRIGERAÇÃO.
PARTIDO SE RENDE A (UMA) POLÍTICA DE ALIANÇAS.

Havendo determinação, porém, a crase é indispensável:

> MORTE DE BEBÊS LEVA À PUNIÇÃO (AO CASTIGO) DE MÉDICO.
> SUPERINTENDENTE ADMITE TER CEDIDO À PRESSÃO (AO DESEJO) DOS SUPERIORES.

▶ Substantivos no plural que fazem parte de locuções de modo: *Pegaram-se a dentadas. / Agrediram-se a bofetadas. / Progrediram a duras penas.*

▶ Nomes de mulheres célebres: *Ele a comparou a Ana Néri. / Preferia Ingrid Bergman a Greta Garbo.*

▶ Dona e madame: *Deu o dinheiro a dona Maria . / Já se acostumou a madame Angélica.* Exceção. Há crase se a dona ou a madame estiverem particularizados: *Referia-se à Dona Flor dos dois maridos.*

▶ Distância, desde que não determinada: *A polícia ficou a distância. / O navio estava a distância.* Quando se define a distância, existe crase: *O navio estava à distância de 500 metros do cais. / A polícia ficou à distância de seis metros dos manifestantes.*

▶ Terra, quando a palavra significa terra firme: *O navio estava chegando a terra. / O marinheiro foi a terra.* (Não há artigo com outras preposições: *Viajou por terra. / Esteve em terra.*) Nos demais significados da palavra, usa-se a crase: *Voltou à terra natal. / Os astronautas regressaram à Terra.*

▶ Casa, considerada como o lugar onde se mora: *Voltou a casa. / Chegou cedo a casa. (Veio de casa, voltou para casa,* sem artigo.) Se a palavra estiver determinada, existe crase: *Voltou à casa dos pais. / Iremos à Casa da Moeda. / Fez uma visita à Casa Branca.*

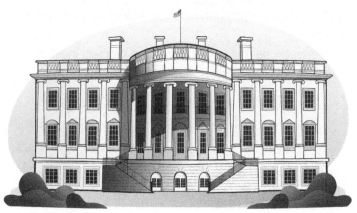

Fonte: dues/iStock/Thinkstock.

USOS FACULTATIVOS DA CRASE

1. Antes do possessivo: *Levou a encomenda a sua* (ou *à sua*) *tia*. / *Não fez menção a nossa empresa* (ou *à nossa empresa*). Na maior parte dos casos, a crase dá clareza a este tipo de oração.

2. Antes de nomes de mulheres: *Declarou-se a Joana* (ou *à Joana*). Em geral, se a pessoa for íntima de quem se fala, usa-se a crase; caso contrário, não.

3. Com até: *Foi até a porta* (ou *até à*). / *Até a volta* (ou *até à*).

> 16

Usos dos porquês

> 16

● neste capítulo você estudará:

>> Os diversos significados e **USOS DO PORQUÊ**.

POR QUE

O "por que" tem dois empregos diferenciados:

Quando for a junção da preposição por + *pronome interrogativo ou indefinido* que, possuirá o significado de "por qual razão" ou "por qual motivo": Ex.:

> POR QUE VOCÊ NÃO VAI AO CINEMA? (POR QUAL RAZÃO)
> NÃO SEI POR QUE NÃO QUERO IR. (POR QUAL MOTIVO)

Quando for a junção da preposição por + *pronome relativo* que, possuirá o significado de "pelo qual" e poderá ter as flexões: pela qual, pelos quais, pelas quais. Ex.:

> SEI BEM POR QUE MOTIVO PERMANECI NESTE LUGAR. (PELO QUAL)

POR QUÊ

Quando vier antes de um ponto, seja final, interrogativo, exclamação. O "por quê" deverá vir acentuado e continuará com o significado de "por qual motivo", "por qual razão". Ex.:

> VOCÊS NÃO COMERAM TUDO? POR QUÊ? ANDAR CINCO
> QUILÔMETROS, POR QUÊ? VAMOS DE CARRO.

PORQUE

É conjunção causal ou explicativa, com valor aproximado de "pois", "uma vez que", "para que". Ex.:

> NÃO FUI AO CINEMA PORQUE TENHO QUE ESTUDAR PARA A PROVA. (POIS)
> NÃO VÁ FAZER INTRIGAS PORQUE PREJUDICARÁ VOCÊ MESMO. (UMA VEZ QUE)

PORQUÊ

É substantivo e tem significado de "o motivo", "a razão". Vem acompanhado de artigo, pronome, adjetivo ou numeral. Ex.:

> O PORQUÊ DE NÃO ESTAR CONVERSANDO É PORQUE QUERO ESTAR CONCENTRADA. (MOTIVO)
> DIGA-ME UM PORQUÊ PARA NÃO FAZER O QUE DEVO. (UMA RAZÃO)

resumo Na Parte IV, procuramos ressaltar os principais sinais de pontuação utilizados e suas funções no contexto. Em seguida, refletimos acerca da importância na construção de parágrafos coerentes e coesos para a produção textual, tendo, assim, o parágrafo como unidade que antecede o texto. E, finalmente, trabalhamos dificuldades normalmente encontradas na Língua portuguesa como a utilização da crase e o uso dos porquês.

Atividades da Parte IV

▶ **Questão 1**

Complete as frases com as diferentes formas do porquê e assinale a alternativa que contenha, em ordem, a resposta correta.

I) Alguns alunos não fizeram a tarefa _____?

II) Você sabe _____ os alunos não fizeram a tarefa?

III) Eu não saberia explicar o _____ das injustiças sociais.

IV) Muita gente supervaloriza a aparência _____?

[a] Por quê / por que / porquê / por quê
[b] Porquê / por que / porquê / por quê
[c] Por quê / por quê / porquê / por quê
[d] Por quê / por que / por quê / por quê

▶ **Questão 2**

Assinale a opção em que, mesmo alterando a pontuação, a frase permanece com o mesmo sentido:

[a] Dinheiro vivo, não cheque, é isso que vim buscar.
Dinheiro vivo não, cheque; é isso que vim buscar.

[b] Foi à papelaria para comprar uma fita de máquina, preta.
Foi à papelaria para comprar uma fita de máquina preta.

[c] A sátira é a arte de pisar o pé de alguém de modo que ele sinta...mas não grite.
A sátira é a arte de pisar o pé de alguém de modo que ele sinta, mas não grite.

[d] Na juventude, acreditamos que a justiça seja o mínimo que podemos esperar do próximo na velhice, afinal descobrimos que é o máximo.
Na juventude, acreditamos que a justiça seja o mínimo que podemos esperar do próximo; na velhice, afinal, descobrimos que é o máximo.

▶ Questão 3

Leia o texto a seguir.

> Uma vírgula esquecida ou mal usada afeta o sentido da frase. A maldita pode mudar o sentido ou deixar a frase sem sentido. Observe a importância da vírgula no exemplo abaixo:
>
> *"Os técnicos foram à reunião acompanhados da secretária do diretor e do coordenador."*

Se usarmos uma vírgula no enunciado acima mudaremos seu sentido. Onde a vírgula deve ser colocada para que o sentido seja alterado?

a) Após o sujeito "Os técnicos".

b) Após o substantivo "reunião".

c) Após o substantivo "secretária".

d) Antes do substantivo "coordenador".

▶ Questão 4 (CONCURSO BOMBEIROS/2000)

Lógica da Vingança (fragmento)

No nosso cotidiano, estamos tão envolvidos com a violência que tendemos a acreditar que o mundo nunca foi tão violento como agora: pelo que nos contam nossos pais e outras pessoas mais velhas, há dez, vinte ou trinta anos, a vida era mais segura, certos valores eram mais respeitados e cada coisa parecia ter o seu lugar.

Essa percepção pode ser correta, mas precisamos pensar nas diversas dimensões em que pode ser interpretada. Se ampliarmos o tempo histórico, por exemplo, ela poderá se mostrar incorreta. Em um dos volumes da coleção História da vida privada, Michel Rouché afirma, em seu artigo sobre a criminalidade na Alta Idade Média (por volta do século VI), que, se fôssemos comparar o número de assassinatos que ocorriam naquele período, proporcionalmente à população mundial de então, com o dos dias atuais, veríamos que antes eles eram bem mais comuns do que são agora. Segundo esse autor, naquela época, "cada qual via a justiça em sua própria vontade", e o ato de matar não era reprovado – era até visto como sinal de virilidade: a agressividade era uma característica cultivada pelos homens, fazia parte de sua educação.

O autor afirma, ainda, que torturas e assassinatos, bastante comuns naqueles tempos, ocorriam em grande parte por vingança: "Cometido um assassinato, a linhagem da vítima tinha o imperioso dever religioso de vingar essa morte, fosse no culpado, fosse num membro da parentela". Realizada a vingança e assassinado o culpado da primeira morte, a mesma lógica passava a valer para parentes deste, que deveriam vingá-lo, criando assim uma interminável cadeia de vinganças, que podia estender-se por várias gerações.

Fonte: (BUORO, A.; SCHILLING, F.; SOARES, M.)

Fonte: Vyacheslav Biryukov/iStock/Thinkstock.

O uso de aspas, em alguns segmentos do texto, indica que:

[a] devem ser lidos com mais atenção;
[b] são reproduções do texto de outro autor;
[c] foram traduzidos de outra língua;
[d] correspondem a textos antigos.

196 português básico

▶ **Questão 5**

Lixo eletrônico em português

Que o número de falantes do idioma português está aumentando ao redor do mundo, ninguém duvida, sobretudo quando o assunto é internet. Mas a sexta língua mais falada no planeta - e a segunda mais uitlizada no Twitter - é também o segundo idioma mais recorrente em mensagens eletrônicas indesejáveis - o chamado *spam* - de acordo com um relatório divulgado pela empresa AVG. É de se suspeitar que o Brasil, um dos países com o maior número de internautas do mundo, seja um dos grandes responsáveis por esse recorde nada honroso. O termo *spam* vem da abreviação de *spice ham*, que significa "presunto picante" - uma boa metáfora para as mensagens "enlatadas" que ninguém gosta de receber.

Fonte: Revista Língua Portuguesa (2011).

Na frase *"É de se suspeitar que o Brasil, um dos países com o maior número de internautas do mundo, seja um dos grandes responsáveis por esse recorde nada honroso"*, o uso das vírgulas isolando o termo em destaque possui a função de:

a) Enumeração, pois afirma que, entre muitos, o Brasil possui grande número de internautas.

b) Oposição, pois apesar de possuir a sexta língua mais falada no mundo, o Brasil possui o maior número de internautas do mundo.

c) Explicação, pois nos concede uma explicação a mais sobre o vocábulo Brasil, mencionado anteriormente.

d) Comparação, pois compara nosso país com os demais países que fazem uso da internet.

▶ **Questão 6**

Assinale a opção em que está corretamente indicada a ordem dos sinais de pontuação que devem preencher as lacunas da frase abaixo:

"Quando se trata de trabalho científico ___ duas coisas devem ser consideradas ____ uma é a contribuição teórica que o trabalho oferece ___ a outra é o valor prático que possa ter."

a Dois pontos, ponto e vírgula, ponto e vírgula.

b Dois pontos, vírgula, ponto e vírgula.

c Vírgula, dois pontos, ponto e vírgula.

d Ponto e vírgula, vírgula, vírgula.

▶ Questão 7

"A vírgula pode ser uma pausa... ou não: Não, espere. Não espere. Ela pode sumir com seu dinheiro. 23,4; 2,34. Pode ser autoritária: **Aceito, obrigado. Aceito obrigado**. Pode criar heróis: Isso só, ele resolve. Isso só ele resolve. E vilões: Esse, juiz, é corrupto. Esse juiz é corrupto. Ela pode ser a solução: Vamos perder, nada foi resolvido. Vamos perder nada, foi resolvido. A vírgula muda uma opinião: Não queremos saber. Não, queremos saber. A vírgula pode condenar ou salvar: Não tenha clemência! Não, tenha clemência! Uma vírgula muda tudo. ABI: 100 anos lutando para que ninguém mude uma vírgula da sua informação."

Fonte: Negreiros (2014).

No trecho em destaque no texto, a ausência da vírgula no segundo período traz alguma mudança de sentido para a frase destacada?

a Não, já que os dois períodos trazem a ideia de cordialidade.

b Não, já que os dois períodos trazem a ideia de imposição.

c Sim, já que não há mais a ideia de agradecimento no segundo período.

d Sim, já que não há mais a ideia de uma aceitação no segundo período.

▶ Questão 8

Mal do século: síndrome do excesso de informação

O excesso de informação está provocando uma angústia típica dos tempos atuais e levando à conclusão de que, às vezes, saber demais é um problema. Nas sociedades ocidentais, as pessoas se sentem pisando em um chão não muito firme por não conseguirem deglutir a carga de informações disponível em livros, na imprensa, na televisão e na Internet. "Quanto mais sabemos, menos seguros nos sentimos. É a sensação de que o mundo está girando a muitas rotações a mais do que nós mesmos", dizem os especialistas.

Para se ter uma ideia do tamanho do problema, um bom exemplo é a quantidade de informação impressa, filme ou arquivos magnéticos: seriam necessários dez computadores pessoais para cada pessoa guardar apenas a parte que lhe caberia sobre o que é produzido. Até o final do ano estarão disponíveis três bilhões de páginas na Internet. Hoje existem no Brasil mais de 100 emissoras de televisão no ar, em diversas línguas, com especialidades diferentes. Há 100 anos existiam cerca de 200 revistas científicas no mundo. Agora são mais de 100 mil.

O excesso de informação já produziu até mesmo a versão 2001 dos hipocondríacos: são os cybercondríacos que passam a apresentar sintomas imaginários. Quem tem a síndrome não consegue dormir: não quer perder tempo e quer continuar consumindo informações. As pessoas com quadro agudo dessa síndrome são assoladas por um sentimento constante de obsolescência, a sensação de que estão se tornando inúteis, imprestáveis, ultrapassadas. A maioria não expressa sintomas tão sérios. O que as persegue é uma sensação de desconforto. (...)

Fonte: Revista Língua Portuguesa (2011).

Fonte: Ellagrin/iStock/Thinkstock.

O terceiro parágrafo do texto defende a ideia de que:

[a] O excesso de informação está deixando as pessoas doentes.
[b] Todos temos que nos informar, cada vez mais, para viver na era da informação.
[c] Não devemos ficar constantemente conectados nas redes sociais para não ficarmos doentes.
[d] Todos devemos sempre buscar novas formas de adquirir conhecimento para não ficarmos obsoletos.

ATIVIDADES DA PARTE IV **199**

▶ Texto para as Questões 9 e 10

Pessoas, Trabalho e Significado

Grande parte das nossas vidas transcorre em locais de trabalho. Gastamos horas desenvolvendo tarefas que, aparentemente, não possuem um relacionamento estreito com a nossa pessoa.

A maioria dos seres humanos é constrangido a trabalhar pelo simples fato de que significa especialmente sobrevivência. Essa ideia, que é uma realidade, nos indica que o trabalho aparece como um elemento constrangedor, se tomado como referência imediata de preenchedor das necessidades básicas.

Na cultura tecnológica, o trabalho adquiriu um extraordinário relevo e parece que é muito difícil os seres humanos poderem viver sem trabalhar. O caráter obrigatório do trabalho lhe dá um significado punitivo e muitos indivíduos o encaram dessa maneira.

A situação do trabalhador adulto é bastante complexa em nossa sociedade, já que os trabalhos estão indicados e hierarquizados de acordo com os níveis de preparo e especialização. Não adianta, pois, pensarmos no valor do trabalho como livre escolha, já que cada vez mais se impõe a obrigatoriedade de um treinamento, muitas vezes demorado, para poder assumir uma tarefa adequada na cultura contemporânea.

Fonte: Adaptado de Mosquera (20--?).

▶ Questão 9

Entende-se por parágrafo a unidade escrita em que, por meio de uma série de frases, se desenvolve uma ideia. Analisando a organização do texto acima, assinale a opção em que a síntese condiz com as ideias desenvolvidas em cada parágrafo, sendo que as opções de A a D correspondem aos parágrafos na ordem apresentada no texto.

ⓐ Grande parte das pessoas trabalha em atividades compatíveis com suas vocações.

ⓑ O trabalho é a principal fonte de realização profissional dos indivíduos.

ⓒ O caráter obrigatório do trabalho na cultura tecnológica transforma-o em principal forma de sobrevivência.

ⓓ No mundo moderno, cada vez mais é necessária a qualificação do trabalhador.

▸ Questão 10

Em nenhum dos parágrafos está expressa a ideia de que:

a) É quase impossível o homem viver sem trabalhar.

b) O preparo vem substituindo as atividades de escolha livre.

c) O ócio é prejudicial ao homem de negócios.

d) Há, na sociedade atual, atividades hierarquizadas por especializações.

Respostas das atividades

	1	2	3	4	5	6	7	8	9	10
I	a	a	a	c	a	c	b	a	a	b
II	d	d	b	a	a	a	b	d	c	a
III	a	a	a	d	b	a	d	d	a	d
IV	a	c	c	b	c	c	a	a	d	c

Referências

A FEIURA das palavras. Veja, dez., 2012. Disponível em: < http://veja.abril.com.br/blog/sobre-palavras/cronica/a-feiura-das-palavras/>. Acesso em: 27 jan. 2015.

ALVARENGA. **Trabalhar é pecado**. [c2014]. Disponível em: < http://www.vagalume.com.br/alvarenga-e-ranchinho/trabalhar-e-pecado.html#ixzz3GJRX0SJz>. Acesso em: 27 jan. 2015.

ANDRADE, Maria Margarida de. **Língua Portuguesa**: noções básicas para cursos superiores. 9.ed. São Paulo: Atlas,2010.

BAGNO, Marcos. **Preconceito linguístico**: o que é, como se faz. 9. ed. São Paulo: Loyola, 2001.

BANCO CENTRAL DO BRASIL. **Moeda de 1 real**. 2004. Disponível em: < http://www.bcb.gov.br/htms/mecir/moeda1real/>. Acesso em: 27 jan. 2015.

BLOG DO MIRANDA SÁ. **Homicídios dobram em SP; cai secretário da Segurança**. 2012. Disponível em: < https://mirandasa.wordpress.com/2012/11/22/homicidios-dobram-em-sp-cai-secretario-da-seguranca/>. Acesso em: 27 jan. 2015.

BLOG DO ORLANDELI. **Grump**. Disponível em: <http://blogdoorlandeli.zip.net/>. Acesso em: 12 out. 2014.

BRAGA, R. **A borboleta amarela**. Rio de Janeiro: Record, 1991.

BUARQUE, Chico Buarque de Hollanda. **A banda**. São Paulo: RGE, 1966. 1 CD. Faixa 1.

BUREAU DE TEXTOS. **Crase**. 2011. Disponível em: < http://bureaudetextos.blogspot.com.br/2011/09/crase.html>. Acesso em: 27 jan. 2015.

CAEIRO, Alberto. **Se o homem fosse como deveria ser**. [19--?]. Disponível em: <http://www.dominiopublico.gov.br/download/texto/wk000428.pdf>. Acesso em: 23 jan. 2015. Heterônimo de Fernando Pessoa.

CAEIRO, Alberto. **Se quiserem que eu tenha um misticismo**. [19--]. Disponível em: <http://www.dominiopublico.gov.br/download/texto/wk000429.pdf>. Acesso em: 23 jan. 2015. Heterônimo de Fernando Pessoa.

CAEIRO, Alberto. **Vive, in "Poemas Inconjuntos"**. [19--?]. Disponível em: <http://www.dominiopublico.gov.br/download/texto/pe000003.pdf> Acesso em: 22 jan. 2015. Heterônimo de Fernando Pessoa.

CAPAS DE DVD. **Corra que a polícia vem aí 33 1/3**. 2010b. Disponível em: < https://capadedvd.wordpress.com/2010/07/19/corra-que-a-policia-vem-ai-33-13/>. Acesso em: 27 jan. 2015.

CAPAS DE DVD. **Ou vai ou racha**. 2010a. Disponível em: < https://capadedvd.wordpress.com/2010/06/17/ou-vai-ou-racha/>. Acesso em: 27 jan. 2015.

204 REFERÊNCIAS

CASTILHO, Ataliba. F. **A língua falada no ensino do português**. 4. ed. São Paulo: Contexto, 2002.

CASTRO, Ruy. **O pescoço da girafa** – pílulas do humor por Max Nunes. São Paulo: Companhia das Letras, 1997.

CDM Promocionais. **Pipocas de microondas PCAD**. c2003-2014. Disponível em: < http://www.cdm.srv.br/produto/bppc-pipocas-de-microondas-pcad>. Acesso em: 27 jan. 2015.

CEGALLA, Domingos Paschoal. **Novíssima gramática da Língua Portuguesa**. 48. ed. São Paulo: Companhia Editora Nacional, 2010.

COLASANTI, Marina. **A casa das palavras**. São Paulo: Ática, 2002. p. 75.

COMUNIDADE MODA. **Comercial Valisère – Primeiro Sutiã – O melhor da propaganda de moda**. 2010. Disponível em: <http://www.comunidademoda.com.br/comercial-valisere-primeiro-sutia/>. Acesso em: 27 jan. 2015.

CONECTADO com a língua portuguesa. [Imagem]. 2014. Disponível em: <http://portugues-cienciaviva.blogspot.com.br/>. Acesso em: 27 jan. 2015.

COUTINHO, J. P. **Folha de São Paulo**, 28 set. 2008.

CUNHA, Celso. **Língua, nação e alienação**. Rio de Janeiro: Nova Fronteira, 1981.

CUNHA, Celso; CINTRA, Luís F. Lindley. **Nova gramática do português contemporâneo**. 3. ed. Rio de Janeiro: Nova Fronteira, 2001.

DRUMMOND, Carlos. **Antologia poética.** 12. ed. Rio de Janeiro: José Olympio, 1978.

DRUMMOND, Carlos. **Brejo das almas**. São Paulo: Companhia das Letras, 2013.

ELIACHAR, Lion. **O homem ao meio**. Rio de Janeiro: Francisco Alves, 1979.

ESCREVA MAIS E MELHOR! Pronomes. [2013]. Disponível em: <http://escrevamaisemelhor.blogspot.com.br/2013/03/pronomes.html> Acesso em: 18 ago. 2014.

GAROTO. [**Site**]. c2014. Disponível em: < http://www.garoto.com.br/>. Acesso em: 27 jan. 2015.

GONZAGA, Chiquinha. **Luz branca**. [19--?]. Disponível em: < http://www.vagalume.com.br/chiquinha-gonzaga/lua-branca.html>. Acesso em: 28 jan. 2015.

INNOVARE PUBLICIDADE. **Tipos de propagandas e campanhas**. 2013. Disponível em: < http://publicidadeinnovare.blogspot.com.br/>. Acesso em: 28 jan. 2015.

INSCRIÇÕES para o Sisu começam nesta segunda-feira. **Veja Online**, 2014. Disponível em: < http://veja.abril.com.br/noticia/educacao/inscricoes-para-sisu-comecam-nesta-segunda>. Acesso em: 23 jan. 2015.

JORGE, Douglas. **Folha de São Paulo**, out. 2010. Disponível em: <http://www1.folha.uol.com.br/paineldoleitor/secaodecartas/815627-eleicoes-chile-nobel-copa-horario-de-verao.shtml>. Acesso em: 23 jan. 2015.

L'ACQUA DI FIORI. [**Site**]. [20--?]. Disponível em: <https://lacquadifiori2.websiteseguro.com/homepage.php>. Acesso em: 30 jan. 2015.

REFERÊNCIAS **205**

LA FONTAINE, Jean. **O lobo e o cordeiro**. c2005-2015. Disponível em: <http://pensador.uol. com.br/frase/ODEwMzk1/>. Acesso em: 22 jan. 2015.

LAUAND, Jean. **Revista Língua Portuguesa**, n. 73, p.42-43, nov. 2011.

MAL do século: síndrome do excesso de informação. **Folha Online**, set. 2001. Disponível em: <http://www1.folha.uol.com.br/folha/dimenstein/imprescindivel/semana/ gd020901a090901.htm>. Acesso em: 27 jan. 2015.

MEIRELES, Cecília. **Antologia poética**. Rio de Janeiro: Nova Fronteira, 2001.

MORAES, Reginaldo C. **Educação à distância e o ensino superior**: introdução a um tema polêmico. São Paulo: Senac São Paulo, 2010.

MOSQUERA, Juan José. **Pessoas, trabalho e significado**. [20--?]. Disponível em: <http:// www.pucrs.br/feecultura/2004/agosto/palestra.pdf>. Acesso em: 15 out. 2014.

MOURA, V. G. **Escritor e eurodeputado**. 2008. Disponível em: <http://www.mundoportugues.org.> Acesso em: 10 nov. 2008.

NEGREIROS, Armando. **A vírgula**. 2014. Disponível em: <http://jornaldehoje.com.br/virgula- -armando-negreiros/>. Acesso em: 15 out. 2014.

NOGUEIRA, Sérgio. **Cuidado com o seu!** [20--?]. Disponível em: <https://www.passeidireto. com/arquivo/1020366/pronome-possessivo-seu>. Acesso em: 22 jan. 2015.

PELO BURACO DA AGULHA. 1 fotografia. color. Imagem 2011/01/anc3bancio-lacta.jpg. Disponível em: < https://peloburacodaagulha.files.wordpress.com/2011/01/anc3bancio-lacta. jpg >.Acesso em: 27 jan. 2015.

PEREIRA JUNIOR, Luiz Costa. O lugar do outro: substituto dos nomes e articulador do discurso, o pronome define nossa identidade, mas ainda causa muita confusão. **Revista Língua Portuguesa**, dez., 2011. Disponível em: < http://revistalingua.uol.com.br/textos/67/artigo249105-1.asp>. Acesso em: 27 jan. 2015.

PERINI, Mário A. **Gramática descritiva do português**. 4. ed. São Paulo: Ática, 2003.

PERISSÉ, Gabriel. **Língua Portuguesa**, n.76, fev. 2012.

PORTUGUÊS NA NET. **A reforma ortográfica**. 2012. Disponível em: <http://portugues-na- -net.blogspot.com.br/2012_06_01_archive.html>. Acesso em: 12 out. 2014.

PROPROFS. **Orações coordenadas**. [20--?]. Disponível em: <http://www.proprofs.com/quiz- -school/story.php?title=oraes-coordenadas>. Acesso em: 28 jan. 2015.

PROPAGANDAS E BOAS IDEIAIS. **Nova logomarca Kuat**. 2010. Disponível em: < https://miladias.wordpress.com/2010/09/21/nova-logomarca-kuat/>. Acesso em: 27 jan. 2015.

QUASE PUBLICITÁRIOS. [Imagem]. 2010. Disponível em: <https://quasepublicitarios.files. wordpress.com/2010/09/1356.jpg>. Acesso em: 27 jan. 2015.

REVISTA LÍNGUA PORTUGUESA. São Paulo, n. 67, p. 27, 2011.

REVISTA LÍNGUA PORTUGUESA. São Paulo, n. 85, p. 67, 2012.

REVISTA LÍNGUA PORTUGUESA. São Paulo, n. 79, p. 8, 2012.

REVISTA LÍNGUA PORTUGUESA. São Paulo, n. 78, p. 8, 2012.

REVISTA LÍNGUA PORTUGUESA. São Paulo, n. 84, p. 51, 2012.

REVISTA LÍNGUA PORTUGUESA. São Paulo, n. 68, 2011.

RIBEIRO, J. A. P. **Ministro da Cultura de Portugal**. 2008. Disponível em:< http://ultimahora.publico.clix.pt>. Acesso em: 10 nov. 2008.

ROSA, Noel. **Você vai se quiser**. [19--?]. Disponível em: <http://www.dominiopublico.gov.br/download/texto/me004369.pdf>. Acesso em: 23 jan. 2015.

SAMBA MPW. **O desconto atrás das cores**. 2013. Disponível em: <http://www.sambampw.com.br/blog/o-desconto-atraves-das-cores/>. Acesso em: 23 jan. 2015.

SANDRONI, Cicero. **Presidente da ABL**. 2008. Disponível em: <http://www.academia.org.br>. Acesso em: 10 nov. 2008.

SEVERIANO, Mylton. **Almanaque de Cultura Popular**, v. 10, n. 113, set./2008.

SILVA, Deonísio da. Apoio estratégico: o ensino da língua portuguesa é vital ao desenvolvimento de outras disciplinas. **Revista Língua Portuguesa**, abr. 2012. Disponível em: <http://revistalingua.uol.com.br/textos/78/apoio-estrategico-255324-1.asp>. Acesso em: 20 set. 2014.

SILVA, José Bernardo da. **A força do amor:** Alonso e Marina. 1883. Disponível em: <http://www.dominiopublico.gov.br/download/texto/jn000011.pdf>. Acesso em: 22 jan. 2015.

SIQUEIRA, Ronnie. **Termos essenciais da oração**: sujeito e predicado. 2013. Disponível em: <http://profronniesiqueira.blogspot.com.br/2013_03_01_archive.html>. Acesso em: 27 jan. 2015.

SÓ LINGUAGEM. **Pronomes possessivos**. 2012. Disponível em: <http://solinguagem.blogspot.com.br/2012/08/pronomes-possessivos.html>. Acesso em: 18 ago. 2014.

TEIXEIRA, Eva A. **Exercícios substantivos**. 2012. Disponível em: <http://dialogoeducacional.blogspot.com.br/2012_01_29_archive.html>. Acesso em: 12 out. 2014.

TRAVAGLIA, Luiz Carlos. **Gramática e interação**: uma proposta para o ensino de gramática no 1º e 2º graus. 8. ed. São Paulo: Cortez, 2002.

TUFANO, Douglas. **Guia prático da nova ortografia**. São Paulo: Melhoramentos, 2008.

VEJA, São Paulo, 7 nov. 2001. Disponível em: < http://veja.abril.com.br/idade/exclusivo/071101/capa.html>. Acesso em: 27 jan. 2015.

VEJA, São Paulo, n. 2401, nov. 2014. Disponível em: <http://vejasp.abril.com.br/edicoes/2401>. Acesso em: 27 jan. 2015.

VEJA. São Paulo, 3 mar. 1999. Disponível em: <http://veja.abril.com.br/arquivo_veja/saude_sexo.shtml>. Acesso em: 27 jan. 2015.

VEREDAS DA LÍNGUA. **Regência verbal II**. 2012. Disponível em: <http://veredasdalingua.blogspot.com.br/2012/07/regencia-verbal-ii.html>. Acesso em: 27 jan. 2015.

VERISSÍMO, Luís Fernando. **Novas comédias da vida privada**. Porto Alegre: L&PM, 1996.

VIANA, Chico. **Sobre a unidade do parágrafo**. Revista Língua Portuguesa, abr. 2014. Disponível em: <http://revistalingua.uol.com.br/textos/blog-ponta/sobre-a-unidade-do-paragrafo-311046-1.asp>. Acesso em: 27 jan. 2015.

VILAVERDE, Carolina. 8 inventores (que você não conhece) que mudaram a sua vida. **Superinteressante**, mar. 2012. Disponível em: <http://super.abril.com.br/blogs/superlistas/8--inventores-que-voce-nao-conhece-que-mudaram-a-sua-vida/>. Acesso em: 22 jan. 2015.

WEBENSINO. [Imagem]. [20--?]. Disponível em: <http://sesi.webensino.com.br/sistema/webensino/aulas/repository_data/SESIeduca/ENS_MED/ENS_MED_F03_PORT/230_POR_ENS_MED_03_03/imagens/ref/Imagem%2005.jpg>. Acesso em: 27 jan. 2015.

Índice

A

Acordo ortográfico *ver* Novo acordo ortográfico
Adjetivos, 36-41
   compostos, 37
   derivados, 36-38
   flexão de gênero, 38-39
   flexão de grau, 40-41
   flexão de número, 39-40
   primitivos, 36
   simples, 37
Advérbios, 95-99
   de afirmação, 97
   de dúvida, 98
   de exclusão, 98
   de inclusão, 99
   de intensidade, 98
   de lugar, 96
   de modo, 97
   de negação, 98
   de ordem, 99
   de tempo, 97
Alfabeto, 13-14
Apostos, 118
Artigos, 35-36
Aspas, 173

C

Classes gramaticais, 23-99
   adjetivos, 36-41
   advérbios, 95-99
   artigos, 35-36
   conjunções, 92-95
   interjeições, 89-90
   numerais, 61-66
   preposições, 90-92
   pronomes, 45-65

   substantivos, 25-35
   verbos, 67-73
Conjunções, 92-95
   coordenativas, 93-94
   subordinativas, 94-95
Crase, 181-187
   regras práticas de uso, 183-186
   uso facultativo, 187

D

Dois-pontos, 171

E

Ensino gramatical, 1-96
Ensino superior, língua portuguesa no, 3-9
   por que estudar, 5-9

F

Frase, 103

G

Gramática, 6-9
   descritiva, 8
   internalizada, 8-9
   normativa, 7

H

Hífen, 18-22

I

Interjeições, 89-90

N

Novo acordo ortográfico, 11-22
   desaparecimento do trema, 14

mudança nas regras de acentuação, 14-18
mudanças no alfabeto, 13-14
objetivos, 13
uso do hífen, 18-22
Numerais, 61-67
cardinais, 61
coletivos, 63
fracionários, 62-63
multiplicativos, 62
ordinais, 62

O

Oração, termos essenciais, 101-127
frase, 103
oração, 103
predicado, 106-107
sujeito, 104-106
Orações coordenadas, 131-137
assindéticas, 137
independência das relações de coordenação, 133
sindéticas, 134-137
aditivas, 135
adversativas, 135-136
alternativas, 136
conclusivas, 136-137
explicativas, 137
Orações subordinadas, 139-163
adjetivas, 153-156
explicativas, 155-156
restritivas, 155
adverbiais, 145-151
causais, 147-148
comparativas, 148-149
concessivas, 148
condicionais, 151
conformativas, 149
finais, 149-450
proporcionais, 150
temporais, 150
substantivas, 141-143
apositivas, 143
completivas nominais, 142
objetivas diretas, 141-142
objetivas indiretas, 142

predicativas, 143
subjetivas, 141

P

Parágrafo, 175-180
Parênteses, 174
Período composto por coordenação
ver Orações coordenadas
Período composto por subordinação
ver Orações subordinadas
Ponto de exclamação, 172
Ponto de interrogação, 172
Ponto e vírgula, 171
Ponto-final, 171
Pontuação, 167-174
aspas, 173
dois-pontos, 171-172
parênteses, 174
ponto de exclamação, 172
ponto de interrogação, 172
ponto e vírgula, 171
ponto-final, 171
reticências, 172
travessão, 173
vírgula, 169-170
Porquês, uso dos, 189-192
por que, 191
por quê, 191
porque, 191
porquê, 192
Predicação verbal, 109-113
verbos de ligação, 113
verbos intransitivos, 111
verbos transitivos, 111-112
Predicado, 106-107
nominal, 107
verbal, 106-107
verbo-nominal, 107
Preposições, 90-92
Pronomes, 45-60
de tratamento, 46-47
demonstrativos, 49
indefinidos, 50
interrogativos, 50
pessoais, 45-46

possessivos, 47-48
relativos, 51

R

Regras de acentuação, 14-18
Reticências, 172

S

Substantivos, 25-35
  classificação, 25-28
    coletivos, 26-27
    compostos, 27
    comuns, 26
    derivados, 28
    primitivos, 28
    próprios, 26
    simples, 27
  flexão, 28-35
    gênero, 28-31
    grau, 34
    número, 31-32
Sujeito, 104-106
  composto, 104
  indeterminado, 105
  oculto, 104
  oração sem sujeito, 106
  simples, 104

T

Travessão, 173
Trema, desaparecimento do, 14

V

Verbos, 67-73, 111-113, 117-118
  de ligação, 113
  flexões, 67-73
    modo, 68-69
    número, 67
    pessoa, 68
    tempo, 70-73
  intransitivos, 111
  transitivos, 111-112
    diretos, 111-112
    indiretos, 112
  vozes, 117-118
Vírgula, 169-170
Vocativo, 118-119
Vozes verbais, 117-118
  voz ativa, 117
  voz passiva, 117
  voz reflexiva, 118